智能制造系列教材

工业互联网平台

INDUSTRIAL INTERNET
PLATFORM

胡晓娅　主编
白坤　尹周平　副主编

清华大学出版社
北京

版权所有，侵权必究。举报: 010-62782989, beiqinquan@tup.tsinghua.edu.cn。

图书在版编目(CIP)数据

工业互联网平台/胡晓娅主编. —北京:清华大学出版社,2024.3(2025.1重印)
智能制造系列教材
ISBN 978-7-302-65622-7

Ⅰ.①工… Ⅱ.①胡… Ⅲ.①互联网络－应用－工业发展－高等学校－教材 Ⅳ.①F403-39

中国国家版本馆CIP数据核字(2024)第048046号

责任编辑:	刘　杨
封面设计:	李召霞
责任校对:	赵丽敏
责任印制:	刘海龙

出版发行: 清华大学出版社
网　　址: https://www.tup.com.cn, https://www.wqxuetang.com
地　　址: 北京清华大学学研大厦A座　　邮　编: 100084
社 总 机: 010-83470000　　邮　购: 010-62786544
投稿与读者服务: 010-62776969, c-service@tup.tsinghua.edu.cn
质量反馈: 010-62772015, zhiliang@tup.tsinghua.edu.cn
印 装 者: 三河市天利华印刷装订有限公司
经　　销: 全国新华书店
开　　本: 170mm×240mm　　印　张: 10.5　　字　数: 207千字
版　　次: 2024年4月第1版　　印　次: 2025年1月第2次印刷
定　　价: 32.00元

产品编号: 098863-01

智能制造系列教材编审委员会

主任委员
  李培根 雒建斌

副主任委员
  吴玉厚 吴 波 赵海燕

编审委员会委员（按姓氏首字母排列）
  陈雪峰 邓朝晖 董大伟 高 亮
  葛文庆 巩亚东 胡继云 黄洪钟
  刘德顺 刘志峰 罗学科 史金飞
  唐水源 王成勇 轩福贞 尹周平
  袁军堂 张 洁 张智海 赵德宏
  郑清春 庄红权

秘书
  刘 杨

丛书序1
FOREWORD

多年前人们就感叹，人类已进入互联网时代；近些年人们又惊叹，社会步入物联网时代。牛津大学教授舍恩伯格（Viktor Mayer-Schönberger）心目中大数据时代最大的转变，就是放弃对因果关系的渴求，转而关注相关关系。人工智能则像一个幽灵徘徊在各个领域，兴奋、疑惑、不安等情绪分别蔓延在不同的业界人士中间。今天，5G 的出现使得作为整个社会神经系统的互联网和物联网更加敏捷，使得宛如社会血液的数据更富有生命力，自然也使得人工智能未来能在某些局部领域扮演超级脑力的作用。于是，人们惊呼数字经济的来临，憧憬智慧城市、智慧社会的到来，人们还想象着虚拟世界与现实世界、数字世界与物理世界的融合。这真是一个令人咋舌的时代！

但如果真以为未来经济就"数字"了，以为传统工业就"夕阳"了，那可以说我们就真正迷失在"数字"里了。人类的生命及其社会活动更多地依赖物质需求，除非未来人类生命形态真的变成"数字生命"了，不用说维系生命的食物之类的物质，就连"互联""数据""智能"等这些满足人类高级需求的功能也得依赖物理装备。所以，人类最基本的活动便是把物质变成有用的东西——制造！无论是互联网、物联网、大数据、人工智能，还是数字经济、数字社会，都应该落脚在制造上，而且制造是其应用的最大领域。

前些年，我国把智能制造作为制造强国战略的主攻方向，即便从世界上看，也是有先见之明的。在强国战略的推动下，少数推行智能制造的企业取得了明显效益，更多企业对智能制造的需求日盛。在这样的背景下，很多学校成立了智能制造等新专业（其中有教育部的推动作用）。尽管一窝蜂地开办智能制造专业未必是一个好现象，但智能制造的相关教材对于高等院校与制造关联的专业（如机械、材料、能源动力、工业工程、计算机、控制、管理……）都是刚性需求，只是侧重点不一。

教育部高等学校机械类专业教学指导委员会（以下简称"机械教指委"）不失时机地发起编著这套智能制造系列教材。在机械教指委的推动和清华大学出版社的组织下，系列教材编委会认真思考，在 2020 年新型冠状病毒感染疫情正盛之时进行视频讨论，其后教材的编写和出版工作有序进行。

编写本系列教材的目的是为智能制造专业以及与制造相关的专业提供有关智能制造的学习教材，当然教材也可以作为企业相关的工程师和管理人员学习和培训之用。系列教材包括主干教材和模块单元教材,可满足智能制造相关专业的基础课和专业课的需求。

主干教材,即《智能制造概论》《智能制造装备基础》《工业互联网基础》《数据技术基础》《制造智能技术基础》,可以使学生或工程师对智能制造有基本的认识。其中,《智能制造概论》教材给读者一个智能制造的概貌,不仅概述智能制造系统的构成,而且还详细介绍智能制造的理念、意识和思维,有利于读者领悟智能制造的真谛。其他几本教材分别论及智能制造系统的"躯干""神经""血液""大脑"。对于智能制造专业的学生而言,应该尽可能必修主干课程。如此配置的主干课程教材应该是本系列教材的特点之一。

本系列教材的特点之二是配合"微课程"设计了模块单元教材。智能制造的知识体系极为庞杂,几乎所有的数字-智能技术和制造领域的新技术都和智能制造有关,不仅涉及人工智能、大数据、物联网、5G、VR/AR、机器人、增材制造(3D 打印)等热门技术,而且像区块链、边缘计算、知识工程、数字孪生等前沿技术都有相应的模块单元介绍。本系列教材中的模块单元差不多成了智能制造的知识百科。学校可以基于模块单元教材开出微课程(1 学分),供学生选修。

本系列教材的特点之三是模块单元教材可以根据各所学校或者专业的需要拼合成不同的课程教材,列举如下。

♯ 课程例 1——"智能产品开发"(3 学分),内容选自模块:
- 优化设计
- 智能工艺设计
- 绿色设计
- 可重用设计
- 多领域物理建模
- 知识工程
- 群体智能
- 工业互联网平台

♯ 课程例 2——"服务制造"(3 学分),内容选自模块:
- 传感与测量技术
- 工业物联网
- 移动通信
- 大数据基础
- 工业互联网平台
- 智能运维与健康管理

♯ 课程例 3——"智能车间与工厂"(3 学分),内容选自模块:
- 智能工艺设计
- 智能装配工艺

- 传感与测量技术
- 智能数控
- 工业机器人
- 协作机器人
- 智能调度
- 制造执行系统(MES)
- 制造质量控制

总之,模块单元教材可以组成诸多可能的课程教材,还有如"机器人及智能制造应用""大批量定制生产"等。

此外,编委会还强调应突出知识的节点及其关联,这也是此系列教材的特点。关联不仅体现在某一课程的知识节点之间,也表现在不同课程的知识节点之间。这对于读者掌握知识要点且从整体联系上把握智能制造无疑是非常重要的。

本系列教材的编著者多为中青年教授,教材内容体现了他们对前沿技术的敏感和在一线的研发实践的经验。无论在与部分作者交流讨论的过程中,还是通过对部分文稿的浏览,笔者都感受到他们较好的理论功底和工程能力。感谢他们对这套系列教材的贡献。

衷心感谢机械教指委和清华大学出版社对此系列教材编写工作的组织和指导。感谢庄红权先生和张秋玲女士,他们卓越的组织能力、在教材出版方面的经验、对智能制造的敏锐性是这套系列教材得以顺利出版的最重要因素。

希望本系列教材在推进智能制造的过程中能够发挥"系列"的作用!

2021 年 1 月

丛书序2
FOREWORD

制造业是立国之本,是打造国家竞争能力和竞争优势的主要支撑,历来受到各国政府的高度重视。而新一代人工智能与先进制造深度融合形成的智能制造技术,正在成为新一轮工业革命的核心驱动力。为抢占国际竞争的制高点,在全球产业链和价值链中占据有利位置,世界各国纷纷将智能制造的发展上升为国家战略,全球新一轮工业升级和竞争就此拉开序幕。

近年来,美国、德国、日本等制造强国纷纷提出新的国家制造业发展计划。无论是美国的"工业互联网"、德国的"工业4.0",还是日本的"智能制造系统",都是根据各自国情为本国工业制定的系统性规划。作为世界制造大国,我国也把智能制造作为推进制造强国战略的主攻方向,并于2015年发布了《中国制造2025》。《中国制造2025》是我国全面推进建设制造强国的引领性文件,也是我国实施制造强国战略的第一个十年的行动纲领。推进建设制造强国,加快发展先进制造业,促进产业迈向全球价值链中高端,培育若干世界级先进制造业集群,已经成为全国上下的广泛共识。可以预见,随着智能制造在全球范围内的孕育兴起,全球产业分工格局将受到新的洗礼和重塑,中国制造业也将迎来千载难逢的历史性机遇。

无论是开拓智能制造领域的科技创新,还是推动智能制造产业的持续发展,都需要高素质人才作为保障,创新人才是支撑智能制造技术发展的第一资源。高等工程教育如何在这场技术变革乃至工业革命中履行新的使命和担当,为我国制造企业转型升级培养一大批高素质专门人才,是摆在我们面前的一项重大任务和课题。我们高兴地看到,我国智能制造工程人才培养日益受到高度重视,各高校都纷纷把智能制造工程教育作为制造工程乃至机械工程教育创新发展的突破口,全面更新教育教学观念,深化知识体系和教学内容改革,推动教学方法创新,我国智能制造工程教育正在步入一个新的发展时期。

当今世界正处于以数字化、网络化、智能化为主要特征的第四次工业革命的起点,正面临百年未有之大变局。工程教育需要适应科技、产业和社会快速发展的步伐,需要有新的思维、理解和变革。新一代智能技术的发展和全球产业分工合作的新变化,必将影响几乎所有学科领域的研究工作、技术解决方案和模式创新。人工智能与学科专业的深度融合、跨学科网络以及合作模式的扁平化,甚至可能会消除某些工程领域学科专业的划分。科学、技术、经济和社会文化的深度交融,使人们可以充分使用便捷的软件、工具、设备和系统,彻底改变或颠覆设计、制造、销售、服务和消费方式。因此,工程教育特别是机械工程教育应当更加具有前瞻性、创新性、开放性和多样性,应当更加注重与世界、社会和产业的联系,为服务我国新的"两步走"宏伟愿景做出更大贡献,为实现联合国可持续发展目标发挥关键性引领作用。

需要指出的是,关于智能制造工程人才培养模式和知识体系,社会和学界存在多种看法,许多高校都在进行积极探索,最终的共识将会在改革实践中逐步形成。我们认为,智能制造的主体是制造,赋能是靠智能,要借助数字化、网络化和智能化的力量,通过制造这一载体把物质转化成具有特定形态的产品(或服务),关键在于智能技术与制造技术的深度融合。正如李培根院士在丛书序1中所强调的,对于智能制造而言,"无论是互联网、物联网、大数据、人工智能,还是数字经济、数字社会,都应该落脚在制造上"。

经过前期大量的准备工作,经李培根院士倡议,教育部高等学校机械类专业教学指导委员会(以下简称"机械教指委")课程建设与师资培训工作组联合清华大学出版社,策划和组织了这套面向智能制造工程教育及其他相关领域人才培养的本科教材。由李培根院士和雒建斌院士、部分机械教指委委员及主干教材主编,组成了智能制造系列教材编审委员会,协同推进系列教材的编写。

考虑到智能制造技术的特点、学科专业特色以及不同类别高校的培养需求,本套教材开创性地构建了一个"柔性"培养框架:在顶层架构上,采用"主干教材+模块单元教材"的方式,既强调了智能制造工程人才必须掌握的核心内容(以主干教材的形式呈现),又给不同高校最大程度的灵活选用空间(不同模块教材可以组合);在内容安排上,注重培养学生有关智能制造的理念、能力和思维方式,不局限于技术细节的讲述和理论知识的推导;在出版形式上,采用"纸质内容+数字内容"的方式,"数字内容"通过纸质图书中列出的二维码予以链接,扩充和强化纸质图书中的内容,给读者提供更多的知识和选择。同时,在机械教指委课程建设与师资培训工作组的指导下,本系列书编审委员会具体实施了新工科研究与实践项目,梳理了智能制造方向的知识体系和课程设计,作为规划设计整套系列教材的基础。

本系列教材凝聚了李培根院士、雒建斌院士以及所有作者的心血和智慧,是我国智能制造工程本科教育知识体系的一次系统梳理和全面总结,我谨代表机械教指委向他们致以崇高的敬意!

2021年3月

前言
PREFACE

　　平台是工业互联网的核心。本书重点关注工业互联网平台这一引领智能制造浪潮的关键领域。作为智能制造教育体系中的重要组成部分，本书的设计旨在帮助学生深入理解和掌握工业互联网平台相关技术。

　　首先，本书将带领学生回溯工业互联网平台的发展历程，深入剖析其演进过程中的关键节点和技术革新。这一回顾将为学生提供一个清晰的时空背景，帮助他们更好地理解这一领域的发展脉络。其次，通过翔实的叙述，本书将揭示工业互联网平台的体系架构，明晰其组成部分的功能和相互关系。这将为学生建立起一个全面的认知框架，为后续的学习奠定坚实基础。在技术探索方面，本书将聚焦于工业互联网平台的基础技术和使能技术。感知技术、通信技术、大数据、云计算和数字孪生技术等关键要素将得到深入剖析，帮助学生理解构建工业互联网平台的核心技术。作为智能制造系列教材主干课程，本书强调实际案例的深入分析，以帮助学生将理论知识应用于实际情境。这样的教学设计旨在培养学生的批判性思维和解决问题的能力，为他们未来的职业发展提供实用的技能。最后，通过前瞻性的展望，本书将引导学生深入了解工业互联网平台未来的发展趋势，为他们在智能制造领域的探索和创新提供指引。愿这本书成为学生深入智能制造领域的有力工具，助力他们在未来的职业生涯中取得卓越的成就。

　　限于编者水平和经验，本书难免有疏漏与不妥之处，恳请同行专家和使用本书的广大读者批评指正。

编　者

2023 年 12 月

目录
CONTENTS

第 1 章　工业互联网平台概述 ·· 1
 1.1　工业互联网平台发展介绍 ·· 1
  1.1.1　工业互联网平台的概念 ·· 1
  1.1.2　工业互联网平台发展现状 ······································ 2
  1.1.3　国内外主要工业互联网平台 ···································· 4
 1.2　工业互联网平台体系架构 ·· 5
  1.2.1　工业互联网平台功能架构 ······································ 5
  1.2.2　工业互联网平台的技术架构 ···································· 7
  1.2.3　工业互联网平台标准 ·· 9
 参考文献 ··· 13

第 2 章　工业互联网平台基础技术 ·· 14
 2.1　工业互联网的感知技术 ·· 14
  2.1.1　传感器技术 ·· 15
  2.1.2　RFID 技术 ·· 19
  2.1.3　工业机器视觉技术 ·· 23
 2.2　工业互联网的通信技术 ·· 29
  2.2.1　现场总线技术 ·· 30
  2.2.2　工业以太网 ·· 36
  2.2.3　时间敏感网络 ·· 41
  2.2.4　窄带物联网 ·· 49
 2.3　工业信息物理系统 ·· 55
  2.3.1　PLC 系统 ·· 57
  2.3.2　DCS ·· 60
  2.3.3　SCADA 系统 ·· 63
 参考文献 ··· 65

第3章 工业互联网平台使能技术 ··· 67

3.1 工业大数据技术 ··· 67
- 3.1.1 工业大数据技术概述 ··· 67
- 3.1.2 工业大数据的主体来源 ··· 67
- 3.1.3 工业大数据的采集 ··· 69
- 3.1.4 工业大数据分析 ··· 71
- 3.1.5 工业大数据的存储与管理 ··· 75

3.2 云计算技术 ··· 77
- 3.2.1 云计算服务模式 ··· 77
- 3.2.2 云部署模型 ··· 78
- 3.2.3 微服务技术 ··· 79
- 3.2.4 云边协同 ··· 81

3.3 数字孪生技术 ··· 82
- 3.3.1 数字孪生模型 ··· 83
- 3.3.2 物理建模 ··· 84
- 3.3.3 数字孪生与建模仿真的区别 ··· 85
- 3.3.4 工业互联网与数字孪生 ··· 85

3.4 平台安全技术 ··· 86
- 3.4.1 工业互联网平台威胁分析 ··· 86
- 3.4.2 工业互联网平台安全需求与防护 ··· 87

参考文献 ··· 88

第4章 工业互联网平台实例 ··· 89

4.1 国内外主流工业互联网平台介绍 ··· 89
- 4.1.1 Predix：通用公司开放软件平台 ··· 89
- 4.1.2 MindSphere：西门子开放工业互联网平台 ··· 92
- 4.1.3 根云平台：三一集团树根互联网平台 ··· 95
- 4.1.4 INDICS：航天云网 ··· 98
- 4.1.5 Fusion Plant：华为工业互联网平台 ··· 101
- 4.1.6 COSMOPlat：海尔工业互联网平台 ··· 104

4.2 国内外主流工业互联网平台分析 ··· 106
- 4.2.1 国内外主流工业互联网平台模式 ··· 106
- 4.2.2 国内外主流工业互联网平台的共通性与差异性 ··· 110

参考文献 ··· 113

第 5 章 工业互联网平台应用 ……………………………………………… 115

5.1 网络协同制造 ……………………………………………………… 115
5.1.1 网络协同制造技术概述 ……………………………………… 116
5.1.2 工业互联网平台在网络协同制造中的应用 ………………… 119
5.1.3 网络协同制造应用案例 ……………………………………… 120

5.2 智能制造 …………………………………………………………… 122
5.2.1 智能制造技术概述 …………………………………………… 122
5.2.2 工业互联网平台在智能制造中的应用 ……………………… 124
5.2.3 智能制造应用案例 …………………………………………… 126

5.3 云制造 ……………………………………………………………… 128
5.3.1 云制造技术概述 ……………………………………………… 128
5.3.2 工业互联网平台在云制造中的应用 ………………………… 131
5.3.3 云制造应用案例 ……………………………………………… 132

参考文献 …………………………………………………………………… 137

第 6 章 工业互联网平台的未来展望 …………………………………… 139

6.1 我国工业互联网平台创新发展实践与展望 …………………… 139
6.1.1 工业互联网平台技术体系创新 ……………………………… 140
6.1.2 工业互联网平台推动产业变革 ……………………………… 144

6.2 工业互联网平台对代表性行业的影响展望 …………………… 145
6.2.1 电子制造行业与工业互联网平台 …………………………… 146
6.2.2 钢铁行业与工业互联网平台 ………………………………… 147
6.2.3 电力行业与工业互联网平台 ………………………………… 148

第1章

工业互联网平台概述

1.1 工业互联网平台发展介绍

1.1.1 工业互联网平台的概念

工业互联网平台是什么?工业互联网产业联盟给出了这样的描述:"工业互联网平台是面向制造业数字化、网络化、智能化需求,构建基于海量数据采集、汇聚、分析的服务体系,支撑制造资源泛在连接、弹性供给、高效配置的工业云平台。"在整个工业互联网体系架构中,工业互联网平台通过对相似的业务逻辑场景及对象进行抽象,从而形成一套可迁移、可扩展且灵活的系统架构,为工业应用软件快速开发及上线提供有力支撑。具体地,工业互联网平台的本质是"数据+模型=服务"(见图1-1)。其中,数据指来自工业系统中设备、业务、产品模型、生产过程及运行环境的海量数据;模型是技术、知识、经验和方法的数字化载体(机理模型、数据模型、业务模型等),也是各种知识沉淀、积累和复用的传播媒介,旨在完成物理世界隐性数据的显性化;服务是数据和模型的结合,基于模型对各种数据进行分析、挖掘、处理、展示,以满足协同研发设计、生产设备优化、企业运营决策、设备预测性维护、生产设备优化、产品质量检测和产品全生命周期管理等场景需求。

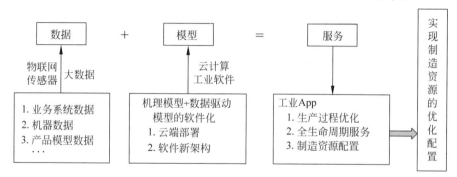

图1-1 工业互联网平台的本质

通常，边缘、IaaS（infrastructure as a service，基础设施即服务）、工业 PaaS（platform as a service，平台即服务）和工业 App 是工业互联网平台的核心层级，而数据、模型和服务是关键要素。如同微软的 Windows、谷歌的安卓与苹果的 iOS 系统，我们可以将工业互联网平台视为一个工业操作系统。该系统向下负责各种软/硬件资源的接入、控制和管理，向上提供开发接口及存储、计算、工具、资源等。其中，边缘负责接入、控制和管理各种工业设备，实现数据的采集与处理；IaaS 是一个资源池，提供计算、存储、网络等资源；工业 PaaS 汇聚了工业机理和数据驱动的模型和微服务，并为工业 App 提供开发环境，工业 App 是面向不同行业、不同领域的业务应用，就像 Word、PowerPoint 一样。

工业互联网平台的不同层级、组件间相互协作，借助数据采集、汇聚、分析，实现目标问题的描述、诊断、预测和决策，实现"以信息流优化资源配置效率"。具体协作过程主要包括四个步骤：一是借助平台的采集能力收集工业数据；二是通过平台的海量数据存储、管理、建模和分析能力完成工业数据的分析挖掘，并将数据转化为信息；三是利用大数据技术完成行业机理模型沉淀和持续优化，将信息转化为知识；四是依托工业 App 调用行业机理模型对外开放的微服务，完成最终自动化、智能化的决策。基于上述四个步骤，工业互联网平台能够解决三大问题：一是基于平台的信息化应用规模化部署，解决"提质、降本、增效"的问题；二是基于平台的大数据深度优化能力，通过"模型+深度数据分析"模式，解决产品和服务增值的问题；三是基于平台协同能力的资源调配和模式创新，解决跨领域资源灵活配置和协同协作问题。

因此，工业互联网平台的建设，是通过构建状态感知—实时分析—科学决策—精准执行的智能运行闭环，以满足智能化生产、网络化协同、个性化定制、服务化延伸等场景需求，解决制造业数字化、网络化和智能化面临的问题，从而实现工业资源的精准高效配置，达到优化生产流程、提升管理和决策效率、提高产品和服务质量、降低经营成本和创新商业模式的目的。工业互联网平台的价值主要体现在通过工业全要素、全价值链和全产业链的连接、解耦和重构，实现工业企业生产过程优化、管理决策优化、资源配置优化、产品服务优化；基于海量数据采集、资源智能管理、知识和经验的积累和传承、应用和服务的开放创新支持制造企业转型升级，助力企业实现制造生产和管理的智能化，推动企业实现制造模式和商业模式创新。

1.1.2 工业互联网平台发展现状

基于工业互联网平台的理念及工业生产需求，国际上陆续推出了各式各样的工业互联网平台产品。2013 年，通用电气（GE）公司率先推出了 Predix 公有云平台，随后其他公司也纷纷加入。2015 年之后，跨国企业对平台的布局明显加快，其中最具代表性的除了 GE 的 Predix 外，还有 PTC 的 ThingWorx、西门子的 MindSphere、SAP 的 Leonardo 和瑞士 ABB 的 Ability 等。在国家相关政策的推动下,国内企业 2015 年之后也开始积极布局。例如,航天云网、三一重工、海尔、富士康等制造业大厂依托自身的制造能力和规模优势,推出工业平台服务,实现由企业内应用向企业外服务的拓展;用友、沈阳机床、徐工集团等企业则基于自身在自动化系统、工业软件与制造装备领域的积累,进一步向平台延伸,尝试构建新型工业智能化解决方案。总体来说,目前我国工业互联网平台建设整体与国际同步,通信技术企业、制造企业、装备与自动化企业等不同的建设主体,基于在各领域的技术沉淀与经验积累,积极打造各具特色的工业互联网平台。

当前国内外工业互联网平台发展速度迅猛,总体发展水平持续提高。美国工业知识经验软件化、平台化能力处于全球领先地位,通过强化基于平台的网络、数据、软件、系统集成应用,推动制造与服务的松耦合,催生网络化、平台化、虚拟化等制造业新形态,孕育了以 GE Predix 为代表的工业互联网平台。德国工业积淀深厚,以制造业主导互联网为主流发展路径,主张利用互联网推进技术、工艺、流程、设备的效能优化,促进价值链体系重构和持续提升,西门子 MindSphere 工业互联网平台是其中的典型代表。我国的工业互联网平台发展路径则孕育了众多商业模式的创新,具有多元化的特色。国内工业互联网平台目前仍处于初步发展阶段,供给方仍然以规模性的大企业为主,不同企业因优势不同,所采用的平台发展路径也各不相同。同时,随着平台逐步进入运营阶段,平台服务的本质虽未改变,但平台能力向两方面延伸:一方面是平台服务的边界、广度不断拓展;另一方面是在平台能力丰富的同时,平台工具也走向简化。

国内工业互联网平台形成了以航天云网为代表的协同制造平台、以树根互联为代表的产品全生命周期管理服务平台等多类典型平台。国内外工业互联网平台发展状况对比见表 1-1。

表 1-1 国内外工业互联网平台发展状况对比

层级	边缘层	IaaS 层	PaaS 层	SaaS 层
国外状况	设备数字化、网络化水平高,产品全球布局,数据源广,数据采集、协议解析能力强	拥有亚马逊、微软、SAP 等主流 IaaS 服务商	工业积淀深厚,主导通用 PaaS 架构,微服务组件丰富	拥有西门子、Oracle 等工业软件巨头,开发者社区规模成熟
国内状况	设备数字化率低、联网率低,基础弱,数据采集能力不足	先进互联网企业 IaaS 技术强悍	工业水平不高,工业 PaaS 发展慢,微服务组件不足	工业 App 数量少,开发者社区规模小
对比研究	国内需提高设备联网率、数据协议解析水平	国内 IaaS 发展水平居于世界前列	国内需积累工业知识和技术,形成更多的微服务组件和开发工具	国内需提升工业 App 开发能力,同时大力建设开发者社区

1.1.3 国内外主要工业互联网平台

工业互联网平台作为工业互联网的核心要素和关键组成,已成为全球工业领军企业抢占数据源头、主导行业发展的重要布局领域。GE、西门子、ABB 等国际工业巨头相继推出 Predix、MindSphere、ABB Ability 等工业互联网平台,国外的主要工业互联网平台见表 1-2。在我国,航天云网、树根、华为等国内企业也推出了 INDICS 平台、根云平台、Fusion Plant 平台,为制造业绿色化、服务化、高端化、智能化转型升级提供了重要支撑,具体见表 1-3。

表 1-2 国外工业互联网平台

序 号	公 司 名 称	平 台 名 称
1	GE	Predix 平台
2	PTC	ThingWorx 平台
3	ABB	ABB Ability 平台
4	施耐德电气	EcoStruxure 平台
5	西门子	MindSphere 平台
6	微软	Microsoft Azure 平台
7	谷歌	Android Things
8	亚马逊	AWS IoT 平台
9	思科	Jasper 平台
10	IBM	IBM Watson IoT 平台
11	霍尼韦尔	Movilizer 平台
12	博世	Bosh IoT Suite 2.0 平台
13	SAP	Leonardo 平台
14	爱立信	DCP 平台
15	威瑞森电信	Verizon ThingSpace IoT 平台
16	沃达丰	GDSP 平台
17	Oracle	Oracle IoT Cloud Service 平台

表 1-3 国内工业互联网平台

序 号	公 司 名 称	平 台 名 称
1	航天云网	INDICS 平台
2	树根互联技术有限公司	根云平台
3	华为	Fusion Plant 平台
4	中国电信集团公司	CPS 平台
5	海尔集团	COSMOPlat 平台
6	和利时	HiaCloud 平台
7	索为	SYSWARE 平台
8	东方国信	BIOP 平台

续表

序　号	公　司　名　称	平　台　名　称
9	中国船舶工业系统工程研究院 中船黄埔文冲船舶有限公司 北京中船信息科技有限公司	船舶工业智能运营平台
10	寄云科技	NeuSeer 平台
11	普奥云	ProudThink 平台
12	中国移动	OneNET 平台
13	石化盈科	ProMACE 平台
14	浪潮集团	浪潮工业互联网平台
15	阿里云	阿里云 ET 工业大脑平台
16	宝信公司	宝信工业互联网平台
17	智能云科	iSESOL 平台
18	美云智数	MeiCloud 平台
19	富士康科技集团	BEACON 平台

按领域划分，工业互联网平台可以细分为通信领域、互联网领域、软件系统服务领域和垂直领域。通信领域包括以移动、联通、电信、华为、新华三为代表的电信运营商和电信设备商；互联网领域包括阿里、腾讯、百度、小米等；软件系统服务领域包括 IBM、微软、PTC 等；垂直领域主要分为两部分，包括以三一重工、GE、西门子等为代表的工业类企业和以基本立子、普奥云、机智云、涂鸦智能、寄云等为代表的创业企业。

1.2　工业互联网平台体系架构

1.2.1　工业互联网平台功能架构

工业互联网产业联盟发布了联盟标准《工业互联网平台　通用要求》(AII/001—2017)，该标准从功能视角出发，定义了工业互联网平台应提供的功能、性能、安全等基本通用性要求。

从功能实现上，工业互联网平台应面向制造业数字化、网络化、智能化需求，构建基于海量数据采集、汇聚、分析的服务体系，支撑制造资源泛在连接、弹性供给、高效配置的工业云平台，包括边缘连接层、云基础设施层、平台基础能力层、基础应用能力和保障支撑体系。工业互联网平台是工业云平台的延伸发展，本质是在传统云平台的基础上叠加工业互联网、大数据、人工智能等新兴技术，构建更精准、实时、高效的数据采集体系，建设包括存储、集成、访问、分析、管理功能的使能平台，实现工业技术、经验、知识的模型化、软件化、复用化，以工业 App 的形式为制造企业提供各类创新应用，最终形成资源富集、多方参与、合作共赢、协同演进的制造业生态。

从安全实现上，工业互联网平台应在设计、建设、验收、运营等环节保持平台建设与平台安全可信可控并行。

从性能实现上，工业互联网平台应达到实例高可用性、数据高可靠性、高数据持久性、高服务可用性。同时，平台应具备自动宕机迁移、自动快照备份、服务的数据本地副本、跨机房或异地备份、CPU、内存、带宽等关键资源随时升级，升级配置数据不丢失，业务暂停时间可控，按照用户需求更改虚拟主机及服务模块配置等能力要求。

结合行业制定的技术标准和相关规范，工业互联网产业联盟在《工业互联网平台白皮书（2017）》中提出了多层级的工业互联网平台功能架构，如图1-2所示，包括边缘层、IaaS层、平台层、应用层，以及贯穿各层级的安全防护。

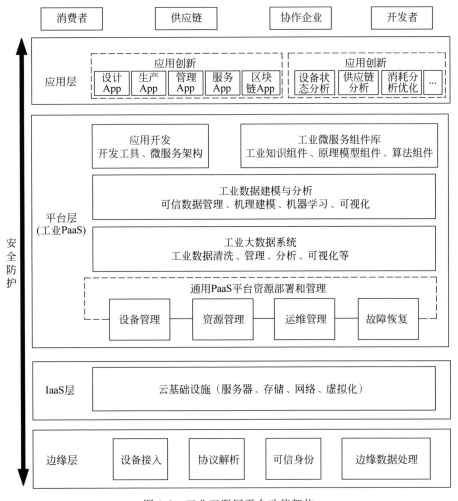

图1-2　工业互联网平台功能架构

第一层是边缘层，通过大范围、深层次的数据采集，以及异构数据的协议转换与边缘处理，构建工业互联网平台的数据基础。边缘层的功能包括：一是通过各类通信手段接入不同设备、系统和产品,采集海量数据;二是依托协议转换技术实现多源异构数据的归一化和边缘集成;三是利用边缘计算设备实现底层数据的汇聚处理,将核心数据上传到云端。

第二层是 IaaS 层,工业互联网平台包括 IaaS 基础设施,以及涵盖整个工业系统的安全管理体系,这些构成了工业互联网平台的基础支撑和重要保障。

第三层是平台层,基于通用 PaaS 叠加大数据处理、工业数据分析、工业微服务等创新功能,构建可扩展的开放式云操作系统。平台层的功能包括:一是提供工业数据管理能力,将数据科学与工业机理结合,帮助制造企业构建工业数据分析能力,实现数据价值挖掘;二是把技术、知识、经验等资源固化为可移植、可复用的工业微服务组件库,供开发者调用;三是构建应用开发环境,借助微服务组件和工业应用开发工具,帮助用户快速构建定制化的工业 App。

第四层是应用层,形成了满足不同行业、不同场景的工业 SaaS 和工业 App,从而实现工业互联网平台的最终价值。应用层的功能包括:一是提供了设计、生产、管理、服务等一系列创新性业务应用;二是构建了良好的工业 App 创新环境,使开发者基于平台数据及微服务功能实现应用创新。

基于上述完整的功能体系架构,工业互联网平台的特征主要包括泛在连接、云化服务、知识积累、应用创新四个方面。其中,泛在连接具备对设备、软件、人员等各类生产要素数据的全面采集能力。云化服务实现基于云计算架构的海量数据存储、管理和计算。知识积累能够提供基于工业知识机理的数据分析能力,并实现知识的固化、积累和复用。应用创新能够调用平台功能及资源,提供开放的工业 App 开发环境,实现工业 App 的创新应用。

1.2.2 工业互联网平台的技术架构

工业互联网平台的建设过程中需要解决一系列技术难题:多种异构工业设备网络的连接、多源数据的深度融合、海量数据的存储与治理、相关数据的建模与分析、工业应用的创新与集成,以及工业知识的积累与迭代等。结合工业互联网平台体系功能架构和应用需求,可以将平台技术划分为基础技术、使能技术和信息安全技术三部分,其总体架构如图 1-3 所示。

1. 基础技术

工业互联网平台的基础技术涉及大规模、深度的数据采集,异构设备的连接,异构数据的协议转换与边缘处理等。数据是平台的基础,工业互联网平台的数据源既有来自企业系统内部的数据,也有来自企业系统外部的数据。当前工业互联网平台建设中的数据采集与传输可能面临以下挑战:传感器的部署不到位、设备智能化水平不高、终端采集的数据少、数据深度不足或数据精度较低等。倘若这些问题无法得到解决,恐难以满足平台的实时分析、智能决策与优化等服务需求。

目前,突破数据采集和传输技术瓶颈的主要方式包括两种:第一种方式是通

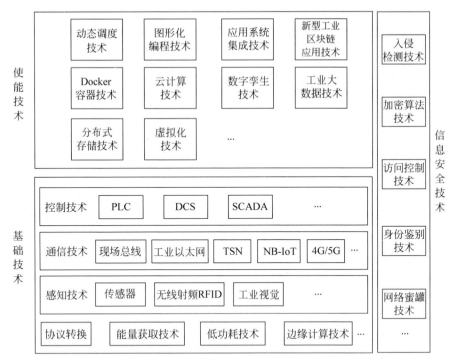

图 1-3 工业互联网平台技术架构

过协议兼容、协议转换实现多源异构数据的采集、传输与交互。该方法的重点在于构建一套能够兼容并转换多种协议的技术产品体系,实现多种现场总线协议、工业以太网协议、无线协议的互联互通。第二种方式则是通过边缘计算等技术在设备终端处进行数据预处理,大幅提高数据采集和传输的效率,降低网络接入、存储和计算的成本,提高现场反馈和控制的实时性。

传感器是获取数据的重要器件,是工业互联网的关键感官,是实现测试与自动控制的重要器件。智能系统的"智能"需要数据作为支撑,而传感器负责对原始数据进行采集和转换,没有数据的智能系统是无本之木,无法实现可靠的智能测试和控制。在工业互联网背景下,传感器技术向着智能传感器、多传感器集成和融合、低功耗和无源化、网络化等方向发展。工业互联网平台中负责数据采集的传感器种类繁多,使用的协议丰富多样,数据联网的协议兼容问题越来越突出,已经成为工业互联网平台顺利运行的掣肘之一。解决协议转换是通过构建一个脱离于具体硬件设备的接口通信服务平台,依据其开放的实时数据库,简化系统异构协议转换和设备联网的过程,异构协议可以转换为标准的协议与其他的设备或者系统联网,实现不同协议设备之间的通信。

边缘计算技术基于高性能计算芯片、实时操作系统、边缘分析算法等技术,利用以智能网关为代表的新型边缘计算设备,在靠近设备或数据源头的网络边缘侧进行数据预处理、存储及智能分析应用,提取海量数据中的关键特征,将处理过的数据传输到云端,实现智能传感器和设备数据的汇聚处理,以及边缘分析结果向云端平台的间接集成。边缘计算担任着物理世界和数字世界之间连接桥梁的角色,在网络边缘侧就近提供边缘智能服务,使实时业务、应用智能、安全与隐私保护等方面的需求得以满足。在工业互联网平台中,边缘计算在 IT 和 OT 系统的融合方面发挥着重要的作用。

2. 使能技术

工业互联网平台把平台上的所有资源作为一种服务,通过网络对外提供,包括 IT 基础设施、数字化模型、工业操作系统、开发组件和工具资源等,并根据用户适时调度资源,确保资源使用的安全与隔离,为客户提供云计算服务。因此,平台需要实现海量数据的分布式存储、对"大数据"的分布式计算和数据管理、平台资源的统一管理和动态调度,进而对工业数据进行建模和分析,为工业 App 提供了必要的接口、存储计算、开发组件和工具资源等环境支持。

虚拟化技术为云计算服务提供基础架构层面的支撑,是云计算最重要的核心技术之一。从技术上讲,虚拟化是一种在软件中仿真计算机硬件,以虚拟资源为用户提供服务的计算形式,不仅能够提高计算机资源的利用率,还能够提高服务质量。它把应用系统中的硬件动态化地连接起来,不再受物理空间的限制,实现了统一集中管理和物理资源使用。通过虚拟化技术能够使软件应用和底层硬件相隔离,包括两种形式:一种是将单个资源划分成多个虚拟资源的裂分模式;另一种是将多个资源整合成一个虚拟资源的聚合模式。虚拟化技术通过虚拟机监视器程序在一台硬件设备上虚拟出多个具有独立操作系统的虚拟机。

容器是轻量化的虚拟化技术。在这种方法中,软件被认为是虚拟化的容器,所有容器化的应用程序共享同一个操作系统的内核,因此,容器与传统虚拟化相比,具有更低的资源使用粒度,一台设备上可以允许运行超百个容器服务,大大提升了服务器硬件资源的利用率。容器的代表性产品 Docker 的出现是一个标志性的节点。Docker 首次提出了 Build→Ship→Run 的概念,使用镜像方式将应用程序和它所依赖的操作系统类库及运行时环境整体打包,统一交付,消除了传统应用对操作系统、应用服务器不同厂商及版本,甚至对于环境变量、基础函数库 API 调用的深度依赖。因此,容器可以在 Windows、Linux 等主流操作系统上运行,而与底层所使用的平台无关,本质上是一种操作系统级别的虚拟化。应用架构一旦转换为容器并且迁移部署之后,就可以在任何云平台之间无缝迁移。所以,使用容器能够利用镜像快速部署运行服务,实现业务的快速交付,缩短业务的上线周期,极大地方便运维人员的上线部署工作。

1.2.3 工业互联网平台标准

工业互联网平台是工业互联网的核心,工业互联网平台标准体系可参考工业互联网标准体系,如图 1-4 所示,包括基础共性、总体、应用三大类标准。

工业互联网标准体系

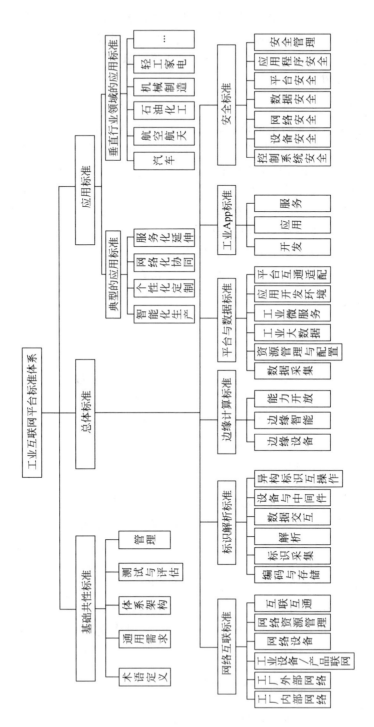

图1-4 工业互联网平台标准体系

1. 基础共性标准

基础共性标准是规范工业互联网平台的通用性、指导性标准,包括术语定义、通用需求、体系架构、测试与评估、管理等标准。

(1) 术语定义标准用于统一工业互联网平台的主要概念认识,为其他工业互联网平台相关标准中的术语定义提供依据和支撑。该标准主要涉及工业互联网领域下的场景、技术、业务等主要概念分类和汇总、新概念定义、旧术语完善、相近概念之间的关系表示等。

(2) 通用需求标准基于工业互联网平台应用场景的收集,提取工业互联网平台功能、性能、服务等需求,以指导平台架构设计。

(3) 体系架构标准用以明确和界定工业互联网平台的范畴、各部分的层级关系和内在联系,包括工业互联网平台通用分层模型、总体架构、核心功能、不同层级和核心功能之间的关系,以及工业互联网平台的共性能力要求等。

(4) 测试与评估标准针对工业互联网平台技术、产品的测试进行规范,对平台的运行部署和服务开展评估,包括测试方法、可信服务评估评测、应用成熟度评估评测等。

(5) 管理标准用于规范工业互联网平台的建设及运行、工业互联网平台企业的服务行为(包括工业互联网平台运行管理、服务管理等方面的标准),以及针对企业的管理机制。

2. 总体标准

工业互联网标准体系的总体标准包括以下几个方面:

(1) 网络互联标准主要用于规范网络互联所涉及的关键技术、设备及组网,包括工厂内部网络、工厂外部网络、工业设备/产品联网、网络设备、网络资源管理、互联互通等标准。

(2) 标识解析标准主要包括编码与存储、标识采集、解析、数据交互、设备与中间件、异构标识互操作等标准。

(3) 边缘计算标准主要包括边缘设备、边缘智能、能力开放三个部分。

(4) 平台与数据标准主要包括数据采集、资源管理与配置、工业大数据、工业微服务、应用开发环境及平台互通适配等标准。

(5) 工业 App 标准主要包括工业 App 的开发、应用、服务类标准。

(6) 安全标准主要包括设备安全、控制系统安全、网络安全、数据安全、平台安全、应用程序安全、安全管理等标准。

3. 应用标准

工业互联网标准中的应用标准主要包括典型的应用标准和垂直行业领域的应用标准等。

4. 标准现状

当前,工业互联网平台尚处于发展初期,工业互联网平台标准缺失,同时人工智能、边缘计算、微服务等新技术、新理念不断被引用,跨界融合与全球竞争正在加剧,对工业互联网平台标准化提出了很多新的挑战。

从全球来看,工业互联网平台凭借自身对数据、服务、用户等各种资源的汇聚作用,成为产业界关注的焦点,制造企业、互联网企业和传统信息通信企业纷纷推出各自的工业互联网平台产品,业界尚未形成公认的工业互联网平台标准,面向工业需求的平台功能、接口、数据管理与服务、性能、安全可信等方面的要求尚不明确。我国工业互联网标准化还处于刚刚起步阶段,相关标准组织大多采取自上而下的设计方法,将工作重点放在路线战略、参考架构、需求用例、测试床等方面,根据情况再开展其他具体的标准化工作。

工业互联网平台是互联网资源与工业系统资源对接的枢纽,是信息技术与运营技术跨界融合的关键基础设施,其技术标准的制定需要垂直行业领域、信息和通信技术(ICT)领域、工业领域的专家协作,并加速迭代创新。

(1)美国工业互联网联盟(IIC)推动工业互联网标准化。IIC正以参考架构为引领,通过企业自主设立的应用案例组织垂直领域应用探索,支持建立测试床以提供验证支撑,并借助其他标准组织力量,推动工业互联网加快落地。IIC发布了参考架构V1.0,包括商业视角、使用视角、功能视角和实现视角四个层级,其功能架构确定了商业、运营、信息、应用和控制五大功能领域,以及系统安全、信息安全、弹性、互操作性、连接性、数据管理、高级数据分析、智能控制、动态组合九大系统特性。在功能架构的基础上,IIC进一步确定了由边缘层、平台层和企业层组成的系统架构,以及各层所包含的软/硬件系统和网络。当前,IIC正致力于参考架构的完善和细化。

(2)德国建立"工业4.0平台"推进顶层规划。德国于2013年12月发布了《"工业4.0"标准化路线图》,提出有待标准化的12个重点领域,包括体系架构、用例、概念、安全等交叉领域,流程描述、仪器仪表和控制功能、技术和组织流程、数字化工厂等。2015年4月,德国发布的《"工业4.0"实施战略》为"工业4.0"概念提供了直观展示,同时也将需要制定的标准数量进一步聚焦到网络通信标准、信息数据标准、价值链标准、企业分层标准等。

(3)国际电工委员会(IEC)成立专门的工作组,开展策略研究和标准研制。为更有效地对接"工业4.0"的标准化需求,IEC陆续成立了一系列专门工作组,包括IEC/SMB/SG8"工业4.0"战略研究组和IEC/MSB未来工厂白皮书项目组等,开展与智能制造/"工业4.0"相关的战略研究、体系构建和技术标准研制。

(4)我国启动了智能制造综合标准化研究工作。为推进我国智能制造标准化工作,自2015年2月以来,在工业和信息化部装备工业发展中心的指导下,智能制造综合标准化工作组成立。目前该工作组已经形成《智能制造综合标准化体系建设指南》，智能制造标准立项及研制工作也在逐步启动并全面展开。

参考文献

[1] 张忠平,刘廉如.工业互联网导论[M].北京：科学出版社,2021.

[2] 工业互联网产业联盟.工业互联网平台：新一轮产业竞争制高点[M].北京：人民邮电出版社,2019.

[3] 曾衍瀚,顾钊铨,曹忠,等.从零开始掌握工业互联网：理论篇[M].北京：人民邮电出版社,2022.

[4] 工业互联网产业联盟.工业互联网标准体系[R/OL].(2019-02)[2023-05].http://www.caict.ac.cn/kxyj/qwfb/bps/201902/P020190228460321792096.pdf.

第 2 章

工业互联网平台基础技术

2.1 工业互联网的感知技术

工业互联网通过边缘层实现感知,感知技术是工业互联网最基础且关键的技术,通常负责采集工业现场的数据。总体来说,工业数据采集就是利用泛在感知技术对多源异构设备和系统、环境、人员等一切要素信息进行采集和解析。

感知通常是一个泛化的概念,人体感觉系统可以通过感受器感觉外部刺激。这种刺激通过神经元传送到神经中枢,形成触觉,并进一步控制人体做出反应。与之相比,对于工业互联网中的感知系统而言,传感器作为工业系统的"感受器",将物理世界的非电量转换为电量,进一步交给计算机处理并得到控制信号,再通过驱动器来驱动执行器动作。整个过程形成完整的动作闭环,实现感知系统的正常运作。人体感觉系统与工业互联网感知系统的基本原理对比如图2-1所示。

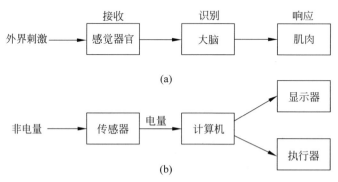

图 2-1 人体感觉系统与工业互联网感知系统对比
(a) 人体感觉系统;(b) 工业互联网感知系统

由上述分析可知,在工业互联网中,从某种意义上来说,传感器的性能决定了工业互联网的感知能力。传感器是物理世界的"感觉器官",它采集并且转换得到的数字信号,形成数据发送到平台层进行处理,这样物体就具备了"智能",物与物、人与物之间就可以实现"沟通"和对话了。因此,传感器采集信息的准确性、可靠性、实时性将直接影响控制节点对信息的处理与传输。

边缘层的数据采集依赖于一系列关键感知技术,主要包括传感器技术、工业机器视觉技术、标识技术、中间件技术、芯片技术等。首先,传感器技术是工业互联网测量技术的基础,是工业互联网信息产生的源头;工业机器视觉技术可以看作非接触式的传感器技术,是工业互联网视觉能力的重要基础,可以在很多非常规场景中使用;标识技术是通过RFID标签、条形码、二维码等手段来标识、识别物体的技术,其中无线射频(RFID)技术是一种自动识别技术,也可以看作是工业互联网的信息采集技术,本质上也是一种传感器技术;传感器中间件是屏蔽底层设备复杂性的关键部件,是衔接传感器硬件设备和上层业务应用的桥梁,可以提高边缘层定制开发能力和场景适配能力。下面重点介绍传感器技术、RFID技术和工业机器视觉技术。

2.1.1 传感器技术

国家标准GB/T 7665—2005对传感器的定义是:"能感受规定的被测量并按照一定的规律(数学函数法则)转换成可用输出信号的器件或装置,通常由敏感元件和转换元件组成。"工业互联网通过边缘层连接物理世界和信息世界,边缘层的数据采集是工业互联网应用层进行可靠、精准数据挖掘的技术基础。在工业互联网的边缘层,通用控制器、专业数据采集模块、智能产品或终端,均需要通过传感器获取大量数据。随着半导体工艺技术的进步,传感部件、微处理器及通信单元可集成到单个芯片中,使传感器更加趋向于智能化。

1. 传感器的组成及原理

传感器一般由敏感元件、转换元件、转换电路组成,有时还需要外加辅助电源提供转换能量。传感器通过敏感元件感受的通常是非电量,而它利用转换元件输出的通常是电学量,如电压、电流、电荷量等,其组成及工作原理如图2-2所示。

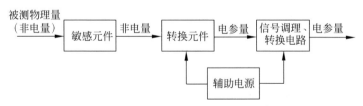

图2-2 传感器的组成及原理

(1)敏感元件是指传感器中直接感受或响应被测量的部分,在完成非电量到电量的转换时,并非所有的非电量都能利用现有的手段直接变换为电量,而往往是将被测非电量预先变换为另一种易于变换成电量的非电量,然后再变换成电量。能够完成预变换的器件称为敏感元件,又称为预变换器。

（2）转换元件是指传感器中能将敏感元件的非电量输出转换成适合于传输、测量的电信号部分，如压电材料、热电偶等。

（3）信号调理、转换电路是指将转换元件输出的电量变成便于显示、记录、控制和处理的有用电信号的电路。由于传感器的输出信号一般很微弱，因此传感器输出的信号需要信号调理和转换、放大、运算和调制才能进行显示和参与控制。

2. 新型传感器技术

随着人工智能、大数据技术及新材料、网络技术等的发展，传感器技术也有了变革性发展。与传统传感器技术相比，新型传感器技术呈现出微型化、数字化、智能化和网络化特点，更加有利于工业控制系统的集成与应用。面向工业互联网的工业控制系统采用的新型传感器技术主要包括微型传感器、智能传感器和多功能智能传感器等类别。

微型传感器是基于微电子系统和微加工技术制造的一类数据采集装置，具有体积小、重量轻、能耗低等特点。在工业互联网时代，微型传感器因其特殊的敏感特性，故而在工业领域常作为信号探测测量器以实现特殊场景下的接触测量、非接触近距离测量和远距离信号探测，广泛应用于航空、医疗、工业自动化等领域。

智能传感器是一类集成传感器、微处理器和通信功能的传感系统。该系统在内部完成对原始数据的各种加工处理，并且可以通过标准接口与外界实现数据交换和传输。同时，它也可以根据实际需求利用软件来改变传感器的工作模式，具有智能化、网络化等特征。与之相比，传统传感器输出的多是模拟量信号，本身不具备信号处理和组网功能，须连接到特定测量仪表才能完成信号的处理和传输功能。智能传感器往往具有误差补偿、诊断与自校准、多参数混合测量、实时处理大数据、可与计算机系统互联互通等优点。

智能传感器通常由三个模块组成：传感模块、智能处理模块、通信模块。首先，传感模块检测外界的非电学量，通过信号调理电路转化为标准电信号，传给微处理器完成数据的智能处理和分析，智能调节系统内部的性能，微处理器的输出信号通过标准的网络接口传送出去，当然也需要通过网络接口接收传送给传感器的控制指令。智能传感器的工作原理如图 2-3 所示。

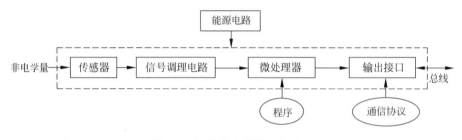

图 2-3　智能传感器的工作原理

多功能智能传感器是一类将具备多种物理量的数据感知采集装置与新型智能

处理器或新型网络结合组成的新型传感装置,具有多物理量采集、信息实时处理、数据分析与存储、数据高速传输等特点。例如,基于 PVDF 材料的集无触点皮肤敏感系统、压力敏感装置、微处理机与信号处理和传输于一体的人造皮肤触觉传感器,具有感触、刺激等多方面的仿生功能。随着工业系统向大型复杂化方向的发展,多功能智能传感器的广泛应用极大地提高了工业系统数据采集的多样性、多特征复合和分析效率,达到了更加丰富、准确、精细的效果。

工业控制系统涉及对工业过程中的许多参数(包括压力、温度、液位等)进行监测和控制,传感器让自动化设备有了感知能力。目前,传感器系统正朝着微小型化、智能化、多功能化和网络化的方向发展。与此同时,采用新原理、新材料、新加工技能的传感器越来越多地应用于工业现场,实现了工业互联网的更全面感知和更深入智能,最终达到了"万物互联"。

3. 多传感器信息融合技术

集成与融合是智能感知、信息处理与控制系统的两大发展方向。与单传感器信号处理相比,多传感器融合技术可以最大限度地获得被测目标或环境的信息量,并取得最有用的解释或判断。简单来说,多传感器信息融合是通过采集并集成各种信息源、多媒体和多格式信息,从而生成完整、准确、及时和有效的综合信息过程。依托该技术,感知系统可扩展系统的时间和空间覆盖范围,增加系统的信息利用率,提高系统的容错功能和准确度,增强目标的检测与识别能力,降低系统的投资等。

多传感器信息融合技术充分利用多个传感器的资源,通过对传感器及其观测信息的合理支配和利用,把多个传感器在时间和空间上可冗余或互补的信息依据某种准则进行组合,获得被测对象的一致性解释或描述,使该信息系统由此获得比它的各个组成部分的子集构成的系统更加优越的性能。对该技术的应用探索已成为感知技术的研究热点之一,主要侧重于研究如何结合多源信息及辅助数据以获得比单个传感器更准确、更明确的推理结果。

在具体实现上,多传感器信息融合结构模型主要包括以下四种结构:

(1) 集中式结构。该结构的所有传感器将原始信息传输到融合中心,由中央处理设施统一处理。集中式结构的最大优点是信息损失最小,但数据互联较困难,通信负担重,融合速度慢,系统的生存能力较差。

(2) 分布式结构。该结构的每个传感器的信息融合前,先由它自己的处理器进行处理。融合中心依据各局部检测器的决策,结合各传感器的置信度,在一定的准则下进行综合分析和决策。相对来说,分布式结构融合速度快、通信负担轻,具有较高的可靠性和容错性,但由于信息压缩会导致信息丢失,因而会影响融合精度。

(3) 混合式结构。该结构同时传输探测信息和经过局部节点处理后的信息。这种结构保留了上述两种结构的优点,但在通信和计算上要付出代价。

(4) 分级式结构。该结构的信息从低层到高层逐层参与处理,高层节点接受低层节点的融合结果。分级式结构各传感器之间是一种层间有限联系,其计算和通信负担介于集中式结构和分布式结构之间。

从信息融合内容的角度来看,多传感器信息融合可以在不同层次上进行,如图 2-4 所示,具体如下:

(1) 原始数据层。原始数据层融合是在采集到的传感器的原始信息层次上进行融合。在该层次上融合的优点是可以保持尽可能多的现场信息,但缺点是处理的信息量大、所需时间长、实时性差。该层的典型融合技术是经典的状态估计法,如卡尔曼滤波等。

(2) 特征层。特征层融合是对从传感器的原始信息中提取的特征信息进行综合分析和处理,即将从传感器观测数据中提取的特征融合成单一的特征向量,然后运营模式识别方法进行处理。这种方法的优点是对通信带宽要求较低,但由于数据的丢失使其准确性有所下降。特征层融合属于融合的中间层次,兼顾了原始数据层

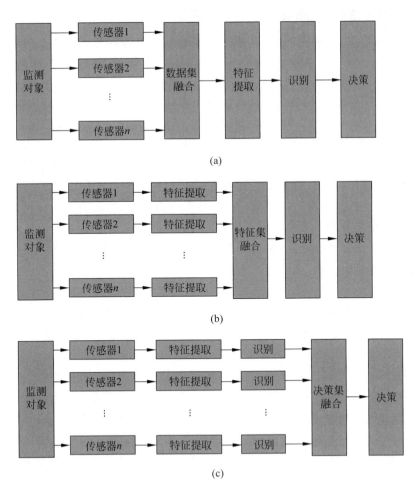

图 2-4 多传感器信息融合层次原理
(a) 原始数据层;(b) 特征层;(c) 决策层

和决策层的优点,典型的融合技术为模式识别技术,如人工神经网络、模糊聚类方法。

(3)决策层。决策层融合是将多个传感器的识别结果进行融合,融合的结果为指挥控制决策提供依据。决策层融合的优点是灵活性强、对传输带宽要求低,且能有效融合反映环境或目标各个层面的不同类型信息,传感器可以是异质的,融合中心处理代价低。所采用的典型融合技术有经典推论理论、Bayes 推论方法、Dempster-Shafer 证据推论、加权决策方法等。

4. 工业互联网背景下传感器的典型应用

1)工业生产现场

工业互联网背景下的无人智能工厂,依靠大量传感器实时采集各类现场对象的信息,并传给监控中心进行分析处理。例如,著名汽车制造商特斯拉、宝马等汽车制造车间几乎空无一人,组装、喷漆、检测等工作全部由工业机器人完成,机器人在视觉、触觉等各类传感器的帮助下,可以完成抓、握、捏、夹、推等很多灵巧的动作。

2)智能交通

自动驾驶的实现离不开安装于汽车车身不同位置的传感器,通过传感器信息融合或多传感器融合,获得汽车的精确位置和状态。同时,传感器在智能交通领域还可以实现车辆信息和路面信息采集、行驶时间数据预测、交通规划等。例如,高速公路上设有各种表示距离的标识,智能交通识别系统可以根据各种距离标识传感器自动获取所经过车辆的速度,倘若超速则立即报警。

3)航空领域

在航空领域,传感器主要用于飞行状态检测、导航定位等。例如,火箭在起飞时,由于起飞速度非常大(超过马赫数 4 或 3000m/h),空气会在火箭表面和箭身上产生巨大的压力和作用力,形成极其苛刻的环境。因此需要压力传感器来监控这些作用力,以确保它们在箭身的设计限制范围内。当火箭起飞时,压力传感器便会暴露于从火箭表面流过的空气中,可以测出相应的数据用于各类服务分析。

2.1.2 RFID 技术

射频识别(radio frequency identification,RFID),又称无线射频识别,其通过无线电信号识别特定目标并读写相关数据,而无须在识别系统与特定目标之间建立机械或光学接触。因此,也可以认为 RFID 是一种无线通信技术,其利用射频信号通过空间耦合(交变磁场或电磁场)来实现无接触信息传递,并通过所传递的信息达到自动识别的目的。相比条形码、二维码等标识和识别技术,RFID 技术有着读取速度快、读写距离远、非视距读写、多标签识别、储存能力强等优势。

1. RFID 系统的组成及原理

RFID 系统包括阅读器、电子标签、应用管理系统,主要部件及其作用如图 2-5 所示。

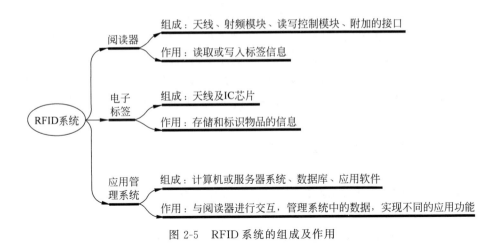

图 2-5　RFID 系统的组成及作用

阅读器是指读取或写入电子标签信息的设备。阅读器能够通过天线与电子标签进行无线通信，并且能够实现对标签码和内存数据的读取、写入等操作。RFID 系统工作时，一般先由阅读器的收发模块控制射频模块发射一个询问信号，在电子标签感应到这个信号后，便给出应答信号。阅读器接收到应答信号后对其处理，将处理后的信息返回外部应用系统。阅读器的原理图如图 2-6 所示。

电子标签也称射频标签、应答器，是 RFID 系统的数据载体，存储着被识别物品的相关信息，标签主要由天线及 IC 芯片构成，其中 IC 芯片包括射频模块、控制模块和存储器。RFID 系统中的读写器和电子标签配备天线，天线用于产生磁通量，而磁通量用于向无源标签提供能量，并在读写器和标签之间传递信息，电子标签的原理图如图 2-7 所示。

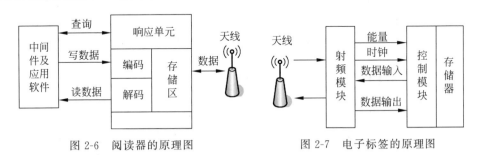

图 2-6　阅读器的原理图　　　　图 2-7　电子标签的原理图

具体来说，RFID 系统中的电子标签与阅读器之间通过射频信号进行空间耦合。阅读器的发射天线发送一定频率的射频信号，通过空中接口传送到电子标签，电子标签与阅读器之间的空中接口通过耦合元件实现射频信号的空间耦合，在耦合通道内，根据时序关系实现能量的传递、数据的交换。当电子标签进入发射天线的工作区域时，产生感应电流，电子标签获得能量被启动，驱动内部电路将电子标签的自身编码等信息通过卡内的天线发送到空中接口。阅读器的接收天线从空中接口获取到从电子标签发送来的载波信号,经天线调节器传送到阅读器的数据存储和处理模块,阅读器对接收的信号进行存储和译码,然后通过应用程序接口(application program interface,API)送到后应用软件系统处理。应用管理系统管理着 RFID 系统中的数据,根据逻辑运算进行判断,针对不同的设定做出相应的处理和控制,并发出指令控制执行相应的动作。RFID 系统的工作原理框图如图 2-8 所示。

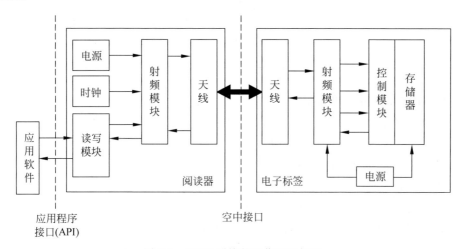

图 2-8 RFID 系统的工作原理框图

2. 无线射频 RFID 的工作频率

射频(radio frequency,RF)是一种高频交流变化的电微波的简称,RFID 系统中的射频信号是信息的载体。

众所周知,电流流过导体时,导体周围会形成磁场,而交变电流通过导体时,导体周围会形成交变的电磁场,电场和磁场交替激发传播出去便形成了电磁波。电磁波的频率低于 100kHz 时,会被地表吸收,因此不具备远距离传输的能力。电磁波频率高于 100kHz 时,可以在空气中传播,并经大气层外缘的电离层反射,形成远距离传输能力。因此,电子标签的工作频率决定着 RFID 系统允许的最远阅读距离,同时也决定着 RFID 系统的工作原理(电感耦合还是电磁耦合),还和电子标签及阅读器实现的难易程度和设备的成本相关。射频常见的频率范围在 300kHz~300GHz,RFID 系统使用的频率优缺点对比见表 2-1。

表 2-1 RFID 系统使用的频率优缺点对比

RFID 使用的频率	频率范围	优点	缺点
低频	30~300kHz	无源电子标签、能耗小、信号穿透力强、抗金属液体干扰能力强、无频率管制	难以屏蔽低频干扰、存储数据量少、低速、近距离、安全性差

续表

RFID使用的频率	频率范围	优点	缺点
中高频	3~30MHz	传输速度较高,具有良好的抗金属与液体干扰性能,具备读写和防冲突功能	抗噪声干扰性较差
超高频	300MHz~3GHz	标签传输距离远,具备防碰撞性能,可读可写	频率严格管制
微波	>3GHz	阅读距离远、多电子标签同时读取、屏蔽低频干扰、传输速度最大,可读可写、安全	抗金属液体能力最差,能耗较高

3. RFID系统的工作原理

RFID系统依靠磁耦合或电磁耦合原理进行通信,两者的差别在于其工作场是近场或远场。近场是指电子标签位于阅读器天线发射的一个完整波长范围之内,采用的频率范围一般是低频和高频,阅读器和电子标签间的通信基于磁场幅度调制原理。而远场通信是指电子标签的位置超出了天线发射的一个完整波长范围,通信范围由电子标签反射的能量即阅读器的射频模块对电子标签反射信号的灵敏度决定,采用的频率范围一般是超高频和微波,阅读器和电子标签间的通信是基于反射信号幅度调制原理。RFID系统近场和远场通信原理如图2-9所示。

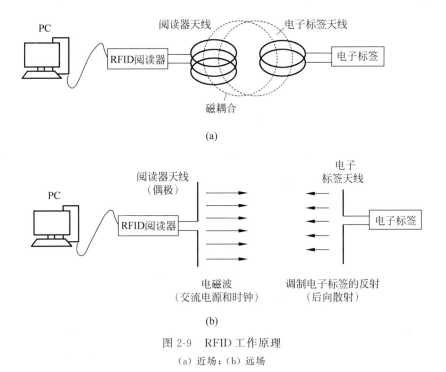

图 2-9 RFID工作原理
(a) 近场;(b) 远场

在近场通信中,往往采用将金属线盘绕成平面或将金属线缠绕在磁芯上的线圈型天线。感应线圈天线一般由多匝电感线圈组成,电感线圈和与其相并联的电容构成并联谐振回路以耦合最大的射频能量。目前,线圈型天线的实现技术很成熟,广泛应用在身份识别、货物标签等 RFID 系统中,但是对于频率高、信息量大、工作距离和方向不确定的 RFID 应用场合,采用线圈型天线难以实现相应的性能指标。识别距离小于 1m 的中低频近距离应用系统的 RFID 天线一般采用工艺简单、成本低的线圈型天线。

近场通信的具体过程如下:一旦电子标签通电,阅读器便根据要发射的数字信息或基带信号调整自身的磁场强度;电子标签按照其 ID 信号接通或断开其负载电阻,即负载调制,阅读器感测调制信息的振幅变化,解调其 ID 信号。简单来说,当标签线圈天线进入 RFID 阅读器产生的交变磁场中,RFID 标签天线与 RFID 阅读器天线之间的相互作用就类似于变压器,两者的线圈相当于变压器的初级线圈和次级线圈。阅读器和电子标签之间的相互通信是通过调幅来实现的。

远场辐射天线通常是谐振式的,一般取半波长。天线的形状和尺寸决定了它能捕捉的频率范围等性能,频率越高,天线越灵敏,占用的面积也越少。较高的工作频率可以有较小的电子标签尺寸。与近场感应天线相比,远场辐射天线的辐射效率较高。远场通信采用的辐射天线的种类主要是偶极子天线和缝隙天线。偶极子天线由两段同样粗细和等长的直导线排成一条直线构成,信号从中间的两个端点馈入,天线的长度决定了频率范围;缝隙天线是由金属表面切出的凹槽构成的,其中微带贴片天线由一块末端带有长方形的电路板构成,长方形的长宽决定了频率的范围。1m 以上的高频或微波频段的远距离应用系统需要采用偶极子天线和缝隙天线。

远场通信的具体过程如下:阅读器的偶极子天线向电子标签发出含交流信号的连续电磁波,其导致的电位差作用在电子标签的偶极子上,使电子标签芯片得到激励;通过调节反射的电磁波强度可实现从电子标签到阅读器的通信,即反向反射现象。远场的反向散射中可能存在的问题:由于存在与反射波使用波长相似的物体,反射波会衰减,甚至完全消失。

4. RFID 系统的优势及应用

近年来,RFID 技术逐渐完善,其优势愈发凸显,包括防水防磁、读取速度快、储存能力强和识别距离远等。该技术不仅可以在干扰或非干扰环境下完成信息的实时、准确、快速采集和处理,还可以对非可视对象、移动对象、夜间对象进行识别。另外,该技术与互联网、无线通信技术相结合,能够对全球范围内的物品进行定位、跟踪管理、信息共享。目前,RFID 系统在多个领域中得到了广泛应用,如图 2-10 所示。

2.1.3 工业机器视觉技术

工业机器视觉技术是一种面向工业领域的机器视觉技术,通过加装有视觉装

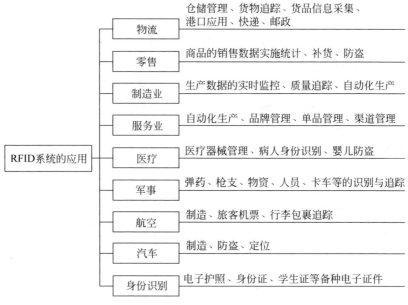

图 2-10 RFID 系统的应用

置的机器代替人眼来实现引导、检测、测量、识别等功能,提高机器的自动化和智能化程度。几乎所有的工业生产领域需要应用机器视觉代替人的视觉来实现工厂的高精度自动化生产,特别是 PCB 板成品检测、屏幕缺陷检测等工艺复杂度高、检测难度大的精密工业领域。

机器视觉技术是通过图像摄取装置将被摄取目标转换成图像信号传送给专用的图像处理系统,从而得到被摄目标的形态信息。在此基础上,根据像素分布的亮度、颜色等信息,将图像转变成数字化信号。图像系统对这些信号进行各种运算来抽取目标特征,进而根据判别的结果控制现场的设备动作。简单来说,机器视觉就是用机器代替人眼来做测量和判断。相对人工视觉,机器视觉在速度、感光范围、观测精度、环境要求等方面都存在显著优势,特别是在有害环境下或重复性工作环境下,常用机器视觉来代替人工视觉。

1. 机器视觉系统的组成

如图 2-11 所示,一个典型机器视觉系统的主要构成包括以下部件:光源照明系统、摄像机(如 CCD 摄像机)、图像采集卡和工业计算机,当然还包括被检测目标和图像处理后续的执行机构。整个视觉系统一般可以分为前置部分和后置部分,前置部分包括照明和成像两部分,后置部分往往位于计算机内部。除此之外,还有以智能相机为中心的机器视觉系统,将照明、成像、处理部分内置于相机,一台相机即可完成机器视觉系统的全部功能。下面结合机器视觉系统应用的要求对每个部件进行阐述。

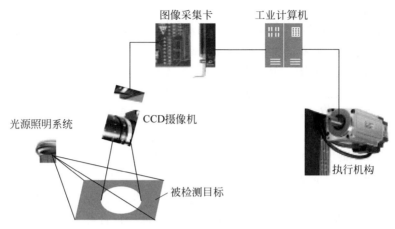

图 2-11 机器视觉系统的构成

1) 光源照明系统

在目前的机器视觉应用系统中,好的光源与照明方案往往是整个系统成败的关键,起着非常重要的作用,并不是简单的照亮而已。光源与照明方案的配合应尽可能地突出物体的特征量,在物体需要检测的部分与那些非检测部分之间应尽可能地产生明显的区别,增加对比度。同时,还应保证足够的整体亮度,物体位置的变化不应该影响成像的质量。光源设备的选择必须符合所需的几何形状,照明亮度、均匀度、发光的光谱特性也必须符合实际要求,同时还要考虑光源的发光效率和使用寿命,常用光源参数对比见表 2-2。

表 2-2 各种光源参数对比

光源	颜色	寿命/h	发光亮度	特点
卤素灯	白色、偏黄	5000～7000	很亮	发热多,较便宜
荧光灯	白色、偏绿	5000～7000	亮	较便宜
LED 灯	红、黄、绿、白、蓝	60 000～100 000	较亮	发热少,固体,能做成很多形状
氙灯	白色、偏蓝	3000～7000	亮	发热多,持续光
电致发光管	由发光频率决定	5000～7000	较亮	发热少,较便宜

根据检测对象的状态来选择适当的光源,不仅可以降低软件开发难度,还可以提高图像处理速度。图像处理的光源一般需要直流电光源,特别是在高速图像采集时,如果是交流电光源则会产生图像明暗变化的闪烁现象。直流光源一般采用发光二极管 LED(light emitting diode),根据具体使用情况可做成环形、圆形、正方形、长条形等不同形状。由表 2-2 可以看出,LED 光源相比其他光源在能效和寿命上有较大优势。除此之外,LED 光源显色性好,光谱范围宽,能覆盖可见光的整个范围,且发光强度高,稳定时间长,因而在机器视觉领域得到了最为广泛的应用。

2) 图像采集设备

图像采集设备包括摄像装置、图像采集卡等。目前图像采集装备大多采用数码摄像装置,其种类繁多,包括 PC(personal computer)摄像头、工业摄像头、监控摄像头、扫描仪、摄像机等。一般摄像设备的镜头焦距是固定的,PC 摄像头、监控摄像头等常用摄像设备镜头的焦距为 4~12mm;对于工业应用和科学仪器,既有固定焦距的镜头,也有调焦镜头。工业场景中还有一种为纠正普通工业镜头视差而特殊设计的远心镜头。对于普通工业镜头,目标物体越靠近镜头(工作距离越短),所成的像就越大,而远心镜头可以在一定的物距范围内,使得到的图像放大倍率不会随物距的变化而变化,这对被测物不在同一物面上的应用场景非常重要。

镜头作为摄像装置的关键光学器件,其品质好坏直接影响成像质量,尤其对于定位、缺陷检测等应用,镜头起到了决定性作用。镜头包含许多性能参数,如焦距、光圈、畸变、相对照度、靶面等,这些参数直接决定了光学系统的成像质量。如图 2-12 所示,成像系统包含的基本参数具体包括:视场(在图像传感器上可以观察到的被检测物体的可视区域)、工作距离(被检测物体到镜头前端机械面的距离)、分辨力(能够通过成像系统分辨物体的最小特征尺寸)、传感器尺寸(图像传感器有效区域的尺寸,该参数直接决定相机能够观察到的视野范围)、传感器尺寸与被测物体视场的比值。了解成像系统的基本参数,可以为镜头的简单选型提供依据。例如,如果想获得更大的视场,可以选用焦距更短的镜头,通过增大视场角来增大视场,或者选用尺寸更大的图像传感器。

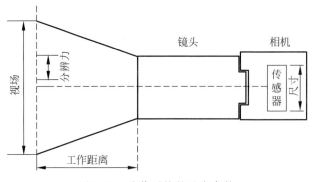

图 2-12　成像系统的基本参数

光学系统对物体所成的像有可能产生失真,也就是畸变。畸变可通过两种方法来改善:一种是通过软件算法把镜头的畸变系数计算出来并校正;另一种就是通过光路设计,从镜头本身减小畸变的影响,如采用畸变值很小的远心镜头。

3) 工业计算机

工业计算机的硬件和软件部分组成了机器视觉系统中的"大脑",负责对采集到的图像进行识别和测量。

2. 机器视觉系统的工作过程

机器视觉系统的工作原理：首先采用CCD摄像机等图像摄取装置将被摄取目标转换成图像信号，根据像素分布和亮度、颜色等信息，通过A/D转换成数字信号；其次由图像系统对这些信号进行各种运算来提取目标特征（面积、长度、数量、位置等），进而根据预设的容许度和其他条件输出结果（尺寸、角度、偏移量、个数、合格与否、有无等）；最后由上位机实时获得检测结果后，指挥运动系统或I/O系统执行相应的控制动作。

如图2-13所示，机器视觉系统的具体工作过程如下：

（1）当摄影摄像装置探测到被检测物体接近装置中心时，将触发脉冲发送给图像采集卡。

（2）图像采集卡根据已设定的程序和延时，启动脉冲分别发送给照明系统和摄影摄像装置。

（3）在启动脉冲到来前，摄像机处于等待状态。摄像机检测到脉冲后启动并打开曝光构件，另一个启动脉冲送给光源，光源的打开、关闭时间需要与摄像机设定的曝光时间相匹配。

（4）图像采集卡接收图像视频信号后，通过A/D转换器将模拟信号数字化或者可接收摄像机数字化后的数字视频数据。

（5）将数字图像存储在计算机内存中。

（6）根据分析结果控制相应部件动作。

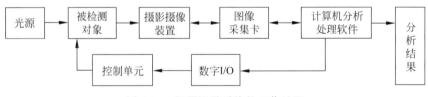

图2-13 机器视觉系统的工作过程

3. 机器视觉在工业领域的应用

机器视觉让机器拥有了像人一样的视觉功能，能更好地实现各种检测、测量、识别和判断功能。在工业领域，机器视觉从最初用于电子装配检测，已发展到应用在识别、检测、测量、定位和机械手引导等越来越广泛的领域。可以说，机器视觉是工业自动化系统的灵魂之窗，从物件/条码辨识、产品检测、外观尺寸测量到机械手臂/传动设备定位，都是机器视觉技术可以发挥作用的舞台。

1）视觉识别

在工业领域中的机器视觉识别应用一般是指视觉系统通过读取条码、直接部件标识及元件、标签和包装上印刷的字符，或者通过定位独特的图案和基于颜色、形状、尺寸或材质等来识别目标元件。目标识别过程本质上就是分类过程，识别算法通过一定的训练后，形成一个分类标准，可以将测试集中的待识别图像归为某一类。图像识别在机器视觉领域中最典型的应用就是二维码的识别,通过机器视觉系统,可以方便地对各种材质表面的二维码进行识别读取,大大提高了现代化生产的效率。

2) 视觉检测

在工业制造过程中,制造的工业产品中经常产生各种不同的表面缺陷,表现出不同的纹理模式,即纹理表面缺陷。视觉检测应用是通过机器视觉系统对不同的工业制造产品使用不同的处理算法来提取图像特征并进行判别,最后根据结果判断检测产品是否存在缺陷。机器视觉在自动检测中的应用极为广泛,自动视觉检测目前已经用于产品外形和表面缺陷检验,如金属表面视觉检测、二极管基片检查、印制电路板缺陷检查、焊缝缺陷自动识别等。工业产品实际纹理背景复杂多变,没有规律,且纹理表面缺陷种类多(如破裂、孔洞、污点等),缺陷对比度低,亮度不均匀且缺陷形状、尺度多变,缺陷样本少等,如何在复杂的纹理背景中对不可预测的缺陷进行精确分割是视觉检测算法面临的关键问题和挑战。

3) 视觉测量

视觉测量是指视觉系统通过非接触测量的方式,求取被检测物体相对于某一组预先设定的标准偏差,如外轮廓尺寸、形状信息等。视觉测量应用一般包括测量和统计两个步骤。测量是将所观察的事物进行量化描述的过程,测量对象多为几何量,包括长度、面积、形状、高度和角度等,而统计则是将大量测量结果进行统一处理和分析得出规律的过程。人工完成的测量统计,其结果准确度受限于测量人员的经验,同时随着工作的持续,测量准确度也会逐渐下降。而利用机器视觉的方式去实现,不但能够保证测量准确度,而且能保证测量统计的快速性、重复性等。常见的测量应用包括齿轮、接插件、汽车零部件、IC 元件管脚、麻花钻、螺纹检测等。

4) 视觉定位

视觉定位作为许多视觉任务的前提基础,广泛应用于目标识别、三维重建、目标跟踪等领域。在智能制造领域中,可通过对工件进行快速、精确、稳定的视觉定位实现机器人抓取、良品工件统计等操作。视觉定位本质上是在目标图像中搜索并定位模板图像的过程,因此,视觉定位的主要方法是图像匹配算法,即通过查找在不同条件下获得的两幅或多幅图像之间的对应关键点来建立图像间的对应关系,以获得模板图像在目标图像中的位置、方向、尺度等信息。在实际图像匹配过程中,由于旋转、尺度、光照、噪声、模糊、视角等干扰因素影响,同一目标在不同图像中的差异较大。良好的图像匹配算法需要在具有多种干扰情况的复杂场景下实现高精度、高速度、高鲁棒性的定位任务。在工业领域中,视觉定位广泛应用于生产线以提高工业自动化程度,如电子元器件生产中实现对电子元器件的快速准确计数。

2.2 工业互联网的通信技术

在工业互联网背景下，感知数据通过网络连接到达远端数据中心或云平台，不同系统间相互访问也需要网络连接来实现互联互通。工业领域存在多种网络连接技术，它们针对特定场景而设计，并发挥着重要作用，现阶段以有线通信为主，无线通信为辅。其中，有线网络包括工厂内的现场总线、工业以太网和时间敏感网络等，可实现数据的可靠性和确定性传输；无线网络则通过 WirelessHART、4G/5G 蜂窝网络、低功耗广域网等方式收集设备、产品、工艺、环境及人员等各种信息，可提高工业系统通信的灵活性。

现场总线技术兴起于 20 世纪 90 年代，主要应用于工业系统的底层控制网络，以实现工业现场仪表、控制设备等现场设备间的数字通信及与上层信息的传递。常见的现场总线包括 PROFIBUS、Modbus、Foundation Fieldbus、CC-Link、CAN 等。现场总线具备简单、可靠、经济实用等优点，能够有效支持不同设备间通信，但是不同的现场总线之间无法互通。

工业以太网是指技术上兼容标准以太网，同时采取改进措施使其更加适应工业应用场景的通信技术。常见的工业以太网协议包括 Modbus/TCP、Ethernet/IP、PROFINET 和 EtherCAT 等。工业以太网有两个发展方向：一个是不断提高实时性，另一个是更好地兼容标准以太网和 IP。工业以太网协议以其低成本和高带宽通信能力广泛应用于各类工业系统中，但依然存在不同工业以太网设备之间难以互通的问题。

在工业互联网和工业 4.0 背景下，时间敏感网络正成为工业有线通信技术领域新的研究热点。2020 年 8 月，我国工业互联网产业联盟发布的《时间敏感网络（TSN）产业白皮书》中明确"时间敏感网络（time sensitive networking，TSN）技术作为下一代工业网络演进方向，在工业领域内已形成广泛共识"。时间敏感网络是一系列部署在标准以太网的数据链路层，旨在增强标准以太网实时性和确定性的协议标准。该标准通过同步、调度和流量整形等机制，实现不同特征数据能够共网传输。目前，工业界和学术界在推进 TSN 在工业系统中的应用过程中，还存在高昂成本、可靠性等问题需要攻克，因此实现 TSN 在工业系统的全面落地仍需较长时间的探索。

工业无线技术通常用于连接工业现场的移动设备，可有效解决无法布线或布线困难场景下的网络连接问题，具有低成本、易部署和灵活调整等优点。传统的工业短距离无线通信技术包括以 HART 基金会为代表的 WirelessHART 技术、以美国仪器仪表协会为代表的 ISA100 技术和以中国工业无线联盟为代表的 WIA-PA 技术。在工业互联网背景下，低功耗、低速率的海量终端设备需要远距离接入网络（如智能水表、智能燃气表等），而这类业务场景需要低功耗的广域网连接技术。

2.2.1 现场总线技术

现场总线以数字通信替代了传统的 4~20mA 模拟信号及普通开关量信号的传输,是一种数字式、多分支结构和双向传输的通信网络技术,连接了智能现场设备和自动化系统。现场总线是一系列工业网络协议的总称,主要用于实时分布式控制,以完成一些过程控制器或者现场仪表之间的通信。这里以 PROFIBUS 为例介绍现场总线通信技术。

1. PROFIBUS 概述

PROFIBUS 协议模型采用了 ISO/OSI 模型中的第 1、2 层,必要时还采用第 7 层,具体如图 2-14 所示。其中,第 1 层及第 2 层的导线及传输协议依据的是美国标准 EIA RS-485、国际标准 IEC 870-5-1 和欧洲标准 EN 60870-5-1,总线存取程序、数据传输和管理服务基于 IEC 955 标准。管理功能(FMA7)采用 ISO DIS 7494-4(管理框架)的概念。

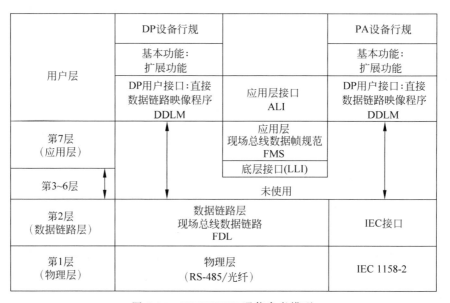

图 2-14 PROFIBUS 通信参考模型

PROFIBUS 由三个兼容部分组成,分别为 PROFIBUS-DP、PROFIBUS-PA、PROFIBUS-FSM,分别可以实现物理层和用户层的数据交换。

1) PROFIBUS-DP

PROFIBUS-DP 用于传感器和执行器级的高速数据传输,DP 的传输速率可达 12Mb/s,一般构成单主站系统,主站、从站间采用循环数据传输方式工作。

PROFIBUS-DP 使用第 1 层、第 2 层和用户接口层,第 3~7 层未用,这种精简的结构确保了数据高速传输。物理层采用 RS-485 标准,PROFIBUS-DP 的数据链路层称为现场总线数据链路层（fieldbus data link layer，FDL），包括与 PROFIBUS-FMS、PROFIBUS-PA 兼容的总线介质访问控制 MAC 及现场总线链路控制（fieldbus link control，FLC），FLC 向上层提供服务存取点的管理和数据缓存。PROFIBUS-DP 的用户层包括直接数据链路映射（direct data link mapper，DDLM）、DP 的基本功能、扩展功能及设备行规。DDLM 提供了方便访问 FDL 的接口，DP 设备行规是对用户数据含义的具体说明，规定了各种应用系统和设备的行为特性。这种为高速传输用户数据而优化的 PROFIBUS 协议特别适用于可编程控制器与现场级分散 I/O 设备间的通信。

它的设计旨在用于设备一级的高速数据传输。在这一级，中央控制器（如 PLC/PC）通过高速串行线与分散的现场设备（如 I/O、驱动器、阀门等）进行通信，中央控制器同这些分散的设备进行数据交换多数是周期性的。

2) PROFIBUS-PA

PROFIBUS-PA 是为了达到过程自动化工程中高速、安全可靠的通信要求而特别设计的，PA 具有本质安全特性，它实现了 IEC 1158-2 规定的通信规程。

PROFIBUS-PA（process automation）是专用于自动化控制系统和现场仪表、执行器之间的串行通信系统，使用扩展的 PROFIBUS-DP 协议进行数据传输。此外，增加了 PA 总线应用行规及相应的传输技术，使现场总线 PROFIBUS 能够满足各种过程工业对控制的要求。PA 专为过程控制应用程序而设计，将自动化系统和过程控制系统与现场设备，如压力、温度和液位变送器等连接起来，代替了 4～20mA 模拟信号传输技术，提高了系统功能和安全可靠性，因此 PA 尤其适用于石油、化工、冶金等行业的过程自动化控制系统。

3) PROFIBUS-FMS

PROFIBUS-FMS 使用了第 1 层、第 2 层和第 7 层。应用层（第 7 层）包括 FMS（现场总线数据帧规范）和 LLI（底层接口）。FMS 包含应用协议和提供的通信服务。LLI 建立了各种类型的通信关系，并给 FMS 提供了对第 2 层的不依赖于设备的访问。FMS 处理单元级（PLC 和 PC）的数据通信。它的设计旨在解决车间一级通用性通信任务，它提供了大量的通信服务，如现场信息传送、数据库处理、参数设定、下载程序、从机控制和报警等，适用于完成以中等传输速度进行较大数据交换的循环和非循环通信任务。由于它用于完成控制器和智能现场设备之间的通信，以及控制器之间的信息交换，因此，它考虑的主要是系统的功能，而不是系统的响应时间，应用过程通常要求的是随机的信息交换（如改变设定参数等）。PROFIBUS-DP 和 PROFIBUS-FMS 使用相同的传输技术和总线存取协议。因此，它们可以在同一根电缆上同时运行。

PROFIBUS-FMS 是车间级现场总线，主要用于车间级的设备监控，完成车间生产设备状态及生产过程监控、车间级生产管理、车间底层设备及生产信息集成。PROFIBUS-FMS 在使用 RS-485 时，其通信速率为 9.6～500kb/s，距离为 1.6～

4.8km,最多可接122个节点,使用FSK(频移键控)时,最多为32个节点,距离可达5km,介质可为双绞线或光缆。FMS可以直接连接到DP网段,采用NRZ编码方式,功能强大的FMS服务可在广泛的应用领域内使用,并为解决复杂通信任务提供了很大的灵活性。

2. PROFIBUS-DP通信协议

1) PROFIBUS-DP的物理层

PROFIBUS-DP的物理层定义传输介质以适应不同的应用,包括长度、拓扑、总线接口、站点数和通信速率等。PROFIBUS-DP主要的传输介质有屏蔽双绞线和光纤两种,目前屏蔽双绞线以其简单、低成本、高速率等特点而成为市场主流。

PROFIBUS-DP的拓扑结构主要有总线型和树型两种。

(1) 总线型拓扑结构。总线型拓扑结构中所有的设备连接在一条连接介质上,总线结构所需的电缆数量少,线缆长度短,易于布线和维护,多个节点共用一条传输信道,信道利用率高,缺点是容易导致冲突。

在总线型拓扑结构中,PROFIBUS-DP系统是一个两端有有源终端器的线型总线结构,也称为RS-485总线段,RS-485能够突破传统的点对点的通信方式,从而实现联网的功能,使用该标准的数字通信网络能在远距离条件下及电子噪声大的环境下有效传输信号。总线型拓扑结构如图2-15所示,在一个总线段上最多可连接32个站点。当需要连接的站超过32个时,必须将PROFIBUS-DP系统分成若干个总线段,使用中继器连接各个总线段。

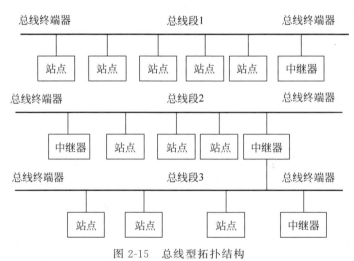

图2-15 总线型拓扑结构

根据RS-485标准,在数据线A和B的两端均加接总线终端器。PROFIBUS-DP的总线终端器包含一个下拉电阻(与数据基准电位DGND相连接)和一个上拉电阻(与供电正电压VP相连接),如图2-16所示。

当在总线上没有站发送数据时,也就是说,两个数据帧之间的总线处于空闲状

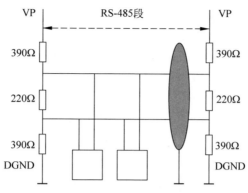

图 2-16 RS-485 总线段的结构

态时,这两个电阻可以确保在总线上有一个确定的空闲电平。

(2) 树型拓扑结构。树型拓扑结构从总线型拓扑结构演变而来,树根接收各站点的数据,然后再广播发送到全网,树型拓扑结构如图 2-17 所示。树型拓扑结构扩展性好,容易诊断错误,但对根部节点要求高,根部瘫痪,将导致整个网络崩溃。在树型拓扑结构中可以使用多于 3 个中继器,并可连接多于 122 个站点,因此这种拓扑结构可以覆盖很大的一个区域。

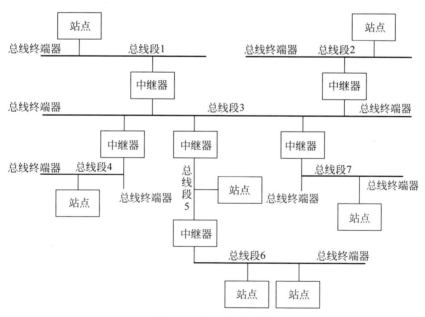

图 2-17 树型拓扑结构

2) PROFIBUS-DP 的数据链路层

根据 ISO/OSI 参考模型,PROFIBUS-DP 的数据链路层规定了介质访问控制、数据安全性及传输协议和数据帧的处理。在 PROFIBUS-DP 中,数据链路层称为 FDL(现场总线数据链路层)。

（1）系统组成。PROFIBUS-DP 总线系统设备包括主站（主动站,有总线访问控制权,包括1类主站和2类主站)和从站(被动站,无总线访问控制权)。1类主站能够对从站设置参数,检查从站的通信接口配置,读取从站数据帧,能够与从站进行数据交换;能够与2类主站进行通信;在 PROFIBUS-DP 通信系统中既可以作为数据的请求方,又可以作为数据的响应方。2类主站是一个编程器或一个管理设备,具有 PROFIBUS-DP 系统的管理和诊断功能。从站是 PROFIBUS-DP 系统通信中的响应方,它不能主动发出数据请求。PROFIBUS-DP 从站可以与主站进行数据交换,并向主站报告本地诊断信息。当主站获得总线访问控制权时,它能占用总线,可以传输数据帧,而从站仅能应答所接收的数据帧或在收到请求后传输数据。

（2）系统结构。一个 DP 系统既可以是一个单主站结构,也可以是一个多主站结构。主站和从站采用统一的编址方式,可选用 0~127 共 128 个地址,其中 127 为广播地址。一个 PROFIBUS-DP 网络最多可以有 127 个主站,在应用实时性要求较高时,主站个数一般不超过 32 个。

单主站结构是指网络中只有一个主站,且该主站为1类主站,网络中的从站都隶属于这个主站,从站与主站进行主从数据交换。如图 2-18 所示,多主站结构是指在一条总线上连接几个主站,主站之间采用令牌传递的方式获得总线控制权,获得令牌的主站和其控制的从站之间进行主从数据交换。总线上的主站和各自控制的从站构成多个独立的主从结构子系统。

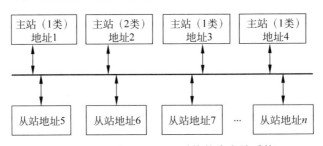

图 2-18　PROFIBUS-DP 系统的多主站系统

（3）总线访问控制。PROFIBUS-DP 系统的总线访问控制要保证两个方面的需求:一方面是总线主站节点必须在确定的时间范围内获得足够的机会来处理自己的通信任务;另一方面是主站与从站之间的数据交换必须是快速且具有很少的协议开销。

PROFIBUS-DP 系统支持使用混合的总线访问控制机制,主站之间采取令牌控制方式,令牌在主站之间传递,拥有令牌的主站拥有总线访问控制权;主站与从站之间采取主从的控制方式,主站具有总线访问控制权,从站仅在主站要求它发送时才可以使用总线。

当一个主站获得了令牌时,它就可以执行主站功能,与其他主站节点或所控制的从站节点进行通信。总线上的报文用节点地址来组织,每个 PROFIBUS 主站节点和从站节点都有一个地址,而且此地址在整个总线上必须是唯一的。在 PROFIBUS-DP 系统中,总线访问控制方式有以下几种:a.纯主-主系统,即执行令牌传递过程;b.纯主-从系统,即执行主到从数据通信过程;c.混合系统,即执行令牌传递和主-从数据通信过程。

(4) 帧格式。PROFIBUS-DP 的帧格式共有 4 种,分别是无数据字段的固定长度的帧、有数据字段的固定长度的帧、有可变数据字段长度的帧和令牌帧。这些帧按功能分类可分为请求帧、应答帧和回答帧。其中,请求帧是指主站向从站发送的命令,应答帧是指从站向主站的响应帧中无数据字段的帧,而回答帧是指响应帧中存在数据字段的帧。另外,短应答帧只作应答使用,它是无数据字段固定长度的帧的一种简单形式。各类型帧的格式如图 2-19 所示。

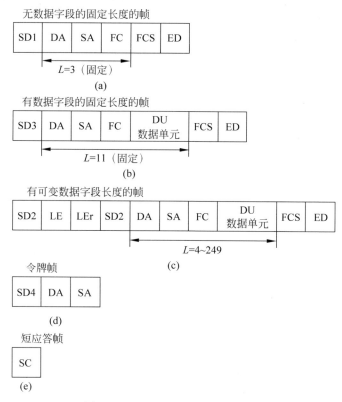

图 2-19 PROFIBUS-DP 的帧格式

3) PROFIBUS-DP 的用户层

用户层包括 DDLM 和用户接口/用户等,它们在通信中可实现各种应用功能。DDLM 是预先定义的直接数据链路映射程序,将所有的在用户接口中传送的功能都映射到第 2 层(FDL)和 FMA1/2 服务。它向第 2 层发送功能调用中如 SSAP、DSAP 和 Serv_class 等必需的参数,接收来自第 2 层的确认和指示并将它们传送给用户接口/用户。用户接口定义了 PROFIBUS-DP 设备可使用的应用功能，以及各种类型的系统和设备的行为特性，PROFIBUS-DP 行规对所传输的用户数据进行评价，精确规定了相关应用的参数和行规的使用，使不同制造商生产的 PROFIBUS-DP 部件能容易地交换使用。目前已经制定了 NC/RC 行规、编码器行规、变送传动行规、操作员控制和过程监视行规。现代化现场总线设备的智能化程度更高，为了符合高性能和高可靠性的通信要求，这些设备必须向控制器提供所必需的各种参数，同时这些参数也为现代化的设备管理提供了必要的基础和依据，这些参数通过电子设备数据文件组织。

2.2.2 工业以太网

工业以太网由于其固有的可靠性、高性能和互操作性，已经渗透到工厂车间，成为自动控制系统首选的通信协议。目前，工业以太网的市场份额已经超过了传统的现场总线协议，原因是后者通常需要多个独立和专有的布线设施。为了满足工业环境的需要，工业以太网本质上是封装在以太网协议中的特殊工业协议，以确保在需要执行特定操作的时间和位置发送和接收正确的信息。这里以 PROFINET 为例具体介绍工业以太网技术。

1. PROFINET 简介

PROFINET 是为制造业和过程自动化领域而设计的、集成的、综合的实时工业以太网标准。它无缝地集成了现有的现场总线系统(不仅仅包含 PROFIBUS)，可以兼容原有的现场总线技术，同时还集成了工业安全和网络安全功能。需要注意的是，PROFIBUS 和 PROFINET 是完全不同的两种技术，没有什么太大的关联。PROFIBUS 属于传统的现场总线技术，而 PROFINET 属于实时工业以太网技术，表 2-3 给出了两者在某些功能和技术指标方面的比较。

表 2-3 PROFINET 和 PROFIBUS 的比较

项 目	PROFINET	PROFIBUS
最大传输速率/($Mb \cdot s^{-1}$)	100	12
数据传输方式	全双工	半双工
拓扑方式	星型、总线型、树型、环型	总线型、树型
一致性数据范围/B	254	32
用户数据区长度/B	最大 1440	最大 244
网段长度/m	100	12Mb/s 时 100
诊断功能及实现	有极强大的诊断功能，对整个网络的诊断实现简单	诊断功能不强，对整个网络诊断的实现困难
主站个数	任意数量的控制器可以在网络中运行，多个控制器不会影响 I/O 的响应时间	PROFIBUS-DP 网络中一般只有一个主站，多主站系统会导致循环周期过长

续表

项　　目	PROFINET	PROFIBUS
网站位置	可以通过拓扑信息确定设备的网络位置	不能确定设备的网络位置
主从站	一个接口可以既做控制器又做 I/O 设备	一个接口只能做主站或从站
总线故障	不需要总线终端电阻	总线上的主要故障来源于总线终端电阻不匹配或者较差的接地

从表 2-3 可以看出，PROFINET 在通信速率、传输数据量等方面远超过 PROFIBUS，但在过去 10 多年的实践中，PROFIBUS 完全能够满足绝大部分工业自动化实际应用的需要，所以通信速率或数据量等并不是 PROFINET 超越 PROFIBUS 的理由，反而是在工业应用中倡导的通信速率"够用就好"的原则得到了很好的发挥和验证。在网络拓扑方面，符合工业自动化领域需求的是线型串行连接，这也是现场总线技术得到广泛应用的最大优势。PROFINET 的典型拓扑是星型连接方式，这对于底层一对一的物理连接部署，势必会造成安装成本增加和安装操作的不便。在对等时同步控制技术有苛刻要求的运动控制领域，PROFINET 的 IRT 技术和极高的传输速率可以使其循环周期达到 $250\mu s$ 和抖动时间小于 $1\mu s$，这是 PROFIBUS 所不能完成的任务。另外，PROFINET 整个网络使用一种协议，并基于以太网连接在一起，所以非常容易实现对整个网络的诊断。在系统的报警处理和故障诊断方面，PROFINET 有其不可比拟的优势。

2. PROFINET 的组成

PROFINET 技术主要由 PROFINET I/O 和 PROFINET CBA 两大部分组成，它们基于不同实时等级的通信模式和标准的 Web 及 IT 技术来实现所有自动化领域的应用。

PROFINET I/O 主要用于完成制造业自动化中分布式 I/O 系统的控制，它所做的工作就是 PROFIBUS-DP 所做的工作，只不过是把过去设备上的 PROFIBUS-DP 接口更换成 PROFINET 接口。带 PROFINET 接口的智能化设备可以直接连接到网络中，而简单的设备和传感器可以集中连接到远程 I/O 模块上，通过 I/O 模块连接到网络中。PROFINET I/O 基于实时通信（RT）和等时同步通信（IRT），PROFINET I/O 可以实现快速数据交换，实现控制器（相当于 PROFIBUS 中的主站）和设备（相当于从站）之间的数据交换，以及组态和诊断功能。总线的数据交换周期在毫秒范围内，在运动控制系统中，其抖动时间可以控制在 $1\mu s$ 之内。

PROFINET 基于组件的自动化（component-based automation，CBA）适用于基于组件的机器对机器的通信，通过 TCP/IP 协议和实时通信满足在模块化的设备制造中的实时要求。CBA 技术是一种实现分布式装置、机器模块、局部总线等设备级智能模块自动化应用的概念。PROFINET I/O 的控制对象是工业现场分布式 I/O 点,这些 I/O 点之间进行的是简单的数据交换;而 CBA 的控制对象是一个整体的装置、智能机器或系统,它的 I/O 之间的数据交换在其内部完成,这些智能化的大型模块之间通过标准接口相连,进而组成大型系统。PROFINET CBA(非实时)的通信循环周期为 50~100ms,但在 RT 通道上达到毫秒级也是可能的,PROFINET 的组成如图 2-20 所示。

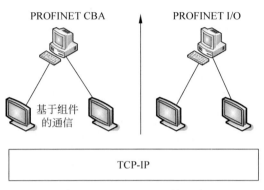

图 2-20　PROFINET 的组成

3. PROFINET 的通信协议模型

与 ISO/OSI 的七层模型对比,PROFINET 的物理层采用了快速以太网的物理层,数据链路层采用的也是 IEEE 802.3 标准,但采取了一些改进措施来满足实时性要求。网络层和传输层采用了 IP、TCP、UDP,OSI 中的第五层、第六层未用,根据分布式系统中 PROFINET 控制的对象不同,应用层分为无连接和有连接两种,如图 2-21 所示。

ISO/OSI	PROFINET	
7b	PROFINET I/O 服务 IEC 61784 PROFINET I/O 服务 IEC 61158	PROFINET CBA IEC 61158
7a	无连接 RPC	DCOM 面向连接的 RPC
5~6		
4	UDP RFC768	TCP RFC793
3	IP RFC791	
2	根据 IEC 617842 的实时增强型 IEEE 802.3 全双工,IEEE 802.11 优先标识	
1	IEEE 802.3 100BASE-TX,100BASE-FX	

图 2-21　PROFINET 通信系统模型和 ISO/OSI 模型对比

在工业控制过程中,不同的应用对象对通信的实时性要求也不同。比如,一些过程参数的设定值、报警上下限设定值就没有特别的实时性要求;实际过程参数采样值和控制值除了进行循环更新外,还必须满足一定的实时性(一般要求小于

10ms)要求。对运动控制系统来说,对实时性的要求更高,并且对抖动时间(Jitter)也有要求。在这种情况下,必须采用等时同步控制方式才能解决问题。

PROFINET 基于以太网通信标准,对不同的应用采取不同的通信方案,非常巧妙地解决了同一个系统中满足不同级别实时通信要求的问题:使用 TCP、UDP、IP 解决非苛求时间的数据通信,如组态和参数赋值;使用软实时技术解决苛求时间的数据通信,如自动化领域的实时数据;使用等时同步实时(IRT)技术解决对时间要求严格同步的数据通信,如运动控制。在 PROFINET 中,PROFINET CBA 采用 TCP/IP(非实时)和实时通信(RT),它允许时钟周期由 TCP/IP 的 100ms 量级提升到 RT 的 10ms 量级,从而更适合于 PLC 之间的通信。PROFINET I/O 采用 RT 交换数据,其时钟周期达到了 10ms 量级,非常适合在工厂自动化的分布式 I/O 系统中应用。等时同步实时通信 IRT 能够使时钟周期达到 1ms 量级,所以其适于运动控制系统使用。PROFINET CBA 包含了 TCP/IP 和 RT 两种通信方式,而 PROFINET I/O 则包含了 UDP/IP、RT 和 IRT 通信技术。

4. 等时同步实时通信

在运动控制系统中,RT 方案还远远不够。运动控制系统要求循环刷新时间小于 1ms,循环扫描周期的抖动时间不大于 1μs。为此,PROFINET 在快速以太网的第 2 层协议上定义了基于时间间隔控制的传输方法 IRT;另外,PROFINET 的同步使用 PTP 实现,而且对其进行了扩展,从而实现了更高的时间控制精度和更好的同步。

要满足运动控制对实时性的要求,就必须使参与控制的各节点的时钟准确同步,以便使网络各节点上的控制功能可以按一定的时序协调动作,IEEE 1588 定义了一种精确时间协议,它的基本功能是使分布式网络中的各节点与该网络的基准时钟保持同步。

PROFINET 使用一种间隔控制器把传输周期分成不同的区间,实现了严格的 IRT 数据传输的确定性。在 IRT 的循环周期中,时间被分成两部分,即时间确定的等时通信部分和开放的标准通信部分。对时间要求苛刻的实时数据在时间确定性通道中传输,而对时间要求不高的数据(如 RT、UDP/IP 报文)在开放性通道中传输。IRT 通道就像专门留给实时数据的高速公路,即使它处于空闲状态,别人也不能使用。

5. PROFINET I/O

1) PROFINET I/O 通信路径及使用协议

PROFINET I/O 的功能相当于 PROFIBUS-DP,非常适合应用在各种自动化系统中,特别是在制造业自动化系统中使用。PROFINET I/O 的通信路径可以用其通信栈或软件栈来形象地表示。如图 2-22 所示,PROFINET I/O 的通信栈分为实时和非实时两部分,实时部分又分为循环和非循环两部分。它们分别支持自动化系统的各种应用和功能。

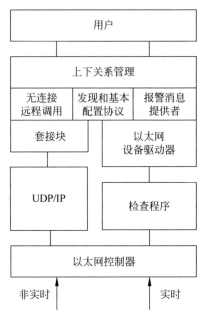

图 2-22 PROFINET I/O 的通信栈

2）主要报文的帧结构

（1）实时帧结构。实时帧主要用于数据交换和报警等。PROFINET 通过软件的方法来完成实时通信功能：去除一些协议层（UDP/IP），减少报文长度；提高通信双方传输数据的确定性，把数据传输准备的时间缩至最短；采用 IEEE 802.1Q 标准，增加对数据流传输优先级处理环节。PEOFINET 把实现 RT 功能的标志嵌入以太网的帧结构中，如图 2-23 所示。为了完成 RT 数据的优先传输，将 IEEE 802.1Q 的 VLAN 标志插入 RT 帧中。

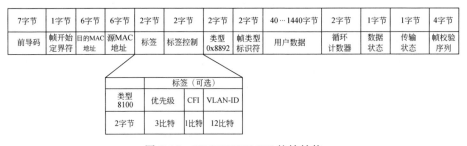

图 2-23 PROFINET RT 的帧结构

（2）IRT 的帧结构。IRT Top performance（顶级性能），即实时类型 3（RTC3）的帧是基于时间的通信，它具有明确的传输时间点。IRT 帧由其在传输周期中所处的位置、帧类型标识符（FrameID）和类型（Type：0x8892）明确确定。IRT 帧基本上和 RT 帧相同，但与 RT 帧相比，它不需要使用 VLAN 标签进行优先级分配。

在图 2-24 中,帧类型标识符为 0x0100～0x7FFF,即周期性的、RTC3 的帧。帧中的 IRT 等时同步实时数据的结构和用途没有定义,其数据长度为 36～1490B。

前导码	SFD	目的地址	源地址	类型	帧类型标识符	IRT 数据	FCS
7B	1B	6B	6B	2B	2B	36～1490B	4B

图 2-24　IRT 的帧结构

（3）NRT 的帧结构。在 PROFINET I/O 中,名称和地址分配等过程使用的是基于 IT 的标准协议 ARP 和 DCP。除此之外,NRT 服务如启动过程中的建立连接、通信关系的建立、读服务（诊断数据,以及标识和维护数据(I&M)）、写服务（设备相关信息）等,都需要非实时的信息交换。NRT 的帧结构如图 2-25 所示。在 NRT 中,VLAN 是可选项,一般情况下不使用,但设备必须支持"使用"或"不使用" VLAN 这两种情况。

前导码	SFD	目的地址	源地址	VLAN	类型	IP/UDP	RPC	NDR	数据	FCS
7B	1B	6B	6B	4B	2B	28B	80B	20B	最大 1372B	4B

图 2-25　NRT 的帧结构

6. PROFINET CBA

在工业生产过程中存在着许多功能相同的装置或工艺过程相似的环节,自动化领域的发展已进入了创建模块化装置和机器的阶段,我们可以把这些典型装置或环节做成标准组件模型,在使用它们时只需要进行简单的外部连接,即可完成复杂的控制任务。PROFINET CBA 就是使用基于预组装组件的技术来完成分布式自动化任务的。

2.2.3　时间敏感网络

1. 时间敏感网络简介

时间敏感网络（time sensitive networking,TSN）,是由 TSN 任务组开发的,旨在增强标准以太网实时性和确定性的一系列协议标准。传统以太网基于 CSMA/CD（载波监听多路访问/冲突检测）技术来进行数据帧的传输,采用的是链路争用的思想来共享链路资源,存在传输不确定性问题。作为一种新的工业通信技术标准集,TSN 基于时间同步、数据流调度及系统配置机制实现不同类型、具有不同时延要求数据流的确定性共网传输。TSN 在 IEEE 802.3 标准以太网基础上增强了传统以太网传输数据的实时性和可靠性,有望替换、改进、兼容现有的工业以太网及现场总线协议,实现工控系统不同设备的互联互通,是目前工业领域广为关注的面向未来的网络架构。

TSN 协议簇起源于 AVB（ethernet audio video bridging,以太网音视频桥接技术）协议,经过不断完善和丰富,现在包含时钟同步、数据调度、可靠性、资源管理与认证等类别的系列子协议，见表 2-4。随着应用领域、应用模式的不断深入，TSN 的相关规范协议也将进一步完善、改进和深化。需要注意的是，TSN 的协议簇非常庞大，也非常灵活，可以按需求进行选择，以满足不同系统在时效性等方面的不同需求。从某种意义上讲，TSN 开发了多种不同的通信机制来实现数据流的调度和转发，多种策略应对多种业务场景，是一种 IT 网络的模块化设计思想。因此，在 TSN 实际应用中并非必须支持所有的标准协议，而是根据应用场景、技术要求选择相应的协议进行配置。

表 2-4 TSN 标准及其对应功能

标准	描述	发布时间	功能
802.1Qav	流量转发、排队增强	2010.01	数据调度
802.1Qat	流预留（SRP）	2010.09	资源管理与认证
802.1Qbv	门控调度	2016.03	数据调度
802.1Qca	路径控制与预留	2016.03	数据调度
802.1CB	冗余链路与并行传输	2016.03	可靠性
802.1Qbu	帧抢占机制	2016.08	数据调度
802.1AS-Rev	时序与同步，构成确定性机制	2017.06（Rev2020.06）	时钟同步
802.1Qch	循环队列转发，改善因拓扑结构、跳数、交换机缓冲产生的时延	2017.06	数据调度
802.1Qci	流量过滤及监管	2017.09	可靠性
802.1Qcc	流预留协议增强（带宽预留）	2017.10	资源管理与认证
802.1Qcp	信息与数据模型定义	2018.09	资源管理与认证
802.1Qcr	异步数据调度	2019.06	数据调度
802.1ICS	链路本地注册	2019.09	资源管理与认证

2. TSN 的帧格式和支持的业务流类型

从 OSI 参考模型的角度来看，TSN 是一种独立于物理层的通信技术，其定义了独特的数据链路层功能，包括流管理、过滤、配置、入口和出口队列管理等一系列数据链路层的协议增强。

TSN 的数据帧格式符合 IEEE 802.1Q 提出的 VLAN 数据帧结构，也是在其中插入了 4B 的 VLAN 标签（VLAN tag），如图 2-26 所示，但其 VLAN 标签中的字段定义和普通的 VLAN 存在一些差别。TSN 的 VLAN 标签定义如图 2-27 所示。前 16 位为标签协议识别符（TPID），其数值为 0x8100，用于识别以太网帧是否支持 802.1Q 标签，与 IEEE 802.1Q 数据帧对应的字段长度和标记的意义完全相同。中间 3 位为优先权代码点（priority code point，PCP），其数值为 0~7，标识 8 种不同类型数据流的优先级，与 IEEE 802.1Q 数据帧中的优先权字段长度和标记的意义相同，但 TSN 中对相应 PCP 值的业务类型进行了定义。接下来的 1 位与 IEEE 802.1Q 数据帧中的 CFI 字段长度相同，但意义不一样；TSN 中该标识符表示该类型业务流对应的数据帧是否能够被丢弃，应用于网络拥塞控制、流过滤等过程中；数值为"1"表示可被丢弃，"0"表示不可丢弃。最后12位是虚拟局域网识别符（VID），用于标识VALN，0代表不属于任何VLAN，与IEEE 802.1Q数据帧对应的字段长度和标记的意义相同。

含802.1Q标签的TSN帧		
字段	偏移量	长度
目的MAC地址	0	6
源MAC地址	6	6
802.1Q标签	12	4
有效载荷/以太网类型	16	2
数据	18	n
帧校验序列	$18+n$	4

以太网帧		
字段	偏移量	长度
目的MAC地址	0	6
源MAC地址	6	6
有效载荷/以太网类型	12	2
数据	14	n
帧校验序列	$14+n$	4

图 2-26 插入802.1Q标签的以太网帧格式

	802.1Q 标签			
长度	16 位	3 位	1 位	12 位
标识	标签协议识别符（TPID）	优先权代码点（PCP）	丢弃标识指示（DEI）	虚拟局域网识别符（VID）

图 2-27 802.1Q 标签的定义

如上所述，TSN允许多业务流共网传输，不同业务流有不同的优先级，通过IEEE 802.1Q VLAN Tag的PCP字段（3b）进行定义，可区分8种不同业务量类型，具体见表2-5。

表 2-5 TSN 业务流类型

优先级	业 务	简写	时延和抖动	协议举例	在工业互联网中的应用场景
0	尽力而为业务流（Best Effort）	BE	—	HTTP，IM，X11	缺省业务类型，只要求"尽力而为"的服务质量
1	背景业务流（Background）	BK	—	FTP，SMTP	适用于不影响用户或关键应用的批量传输业务
2	卓越努力业务流（Excellent Effort）	EE	—	SQL	向最重要的客户发送信息
3	关键应用流（Critical Applications）	CA	—	NFS，SMB，RPC	要求确保最小带宽的业务
4	视频流（Video）	VI	<100ms	RTP	视频业务
5	音频流（Audio）	VO	<10ms	SIP，MGCP	语音业务
6	互联控制类业务流（Internetwork Control）	IC	视协议要求而定	STP，OSPF，RIP	大型网络中区别于普通流量的网络协议控制报文
7	网络控制流（Network Control）	NC	视对象控制要求而定	BGP，PIM，SNMP	网络维护与管理报文的可靠传输，要求低丢包率

3. TSN 协议逻辑架构

图 2-28 展示了 TSN 整体协议的连接逻辑。可以看出，TSN 相关协议由 IEEE 802.1Q 协议功能对应演化而来，其中 IEEE 802.1Q 协议中的流量测量与队列选择，对应时间敏感网络中的 IEEE 802.1Qci 协议，而输出调度的相关部分分别对应 IEEE 802.1Qbv、IEEE 802.1Qbu 等调度协议。在整个通信过程中，IEEE 802.1AS 时钟同步协议通过全局时间作用于调度、测量等协议，而各子协议内又有局部时间。除了 IEEE 802.1AS 协议外，还需要帧抢占协议（IEEE 802.1Qbu）来传输非周期性但紧急的数据。最后，通过冗余协议（IEEE 802.1CB）完成停机后的切换，包括时钟冗余和链路冗余。

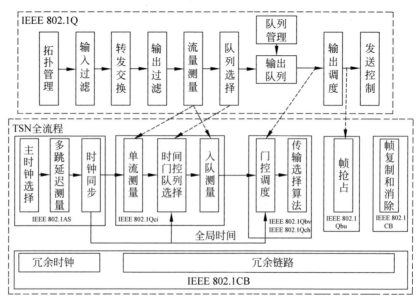

图 2-28　TSN 工控系统整体协议逻辑

系统运行时，首先由时钟同步协议提供全局时钟；同步完成后，利用流测量协议完成单流测量、门控队列选择和入队测量；紧接着，使用核心调度协议的门控机制、传输选择算法机制完成数据的调度。

图 2-29 按照先后顺序展示了 TSN 帧传输过程中所涉及的各个协议。

4. TSN 核心技术介绍

1) 时钟同步

时钟同步是 TSN 中数据流调度整形的基础，能够提供全局统一时钟信息及节点的参考时钟信息，实现本地时钟的调整和与其他网络节点时钟同步。为了使控制域内各设备之间能够协调配合，使数据帧能够按照正确的时序到达指定设备以保障数据流在网络上顺畅传输，TSN 中的所有设备需要具有共同的时间参考模型，即 TSN 必须基于可靠的时间同步协议来提供严格的时间同步。TSN 中使用

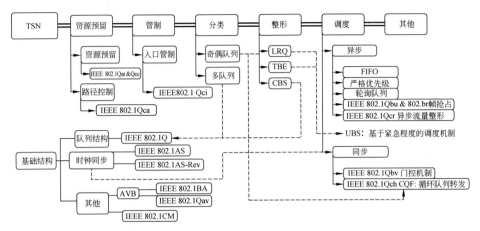

图 2-29 TSN 帧传输过程中所涉及的各个协议

的时钟同步标准包括 IEEE 802.1AS 和其修订版 IEEE 802.1AS-Rev。相对而言，IEEE 802.1AS-Rev 增强了 IEEE 802.1AS 的安全性和可靠性，提供时间同步冗余机制，对于 TSN 网络的时钟同步过程具有容错能力。图 2-30 给出了 IEEE 802.1AS 架构，其内容包括在网络正常运行或添加、移除或重配置网络组件和网络故障时对时钟同步机制的维护。

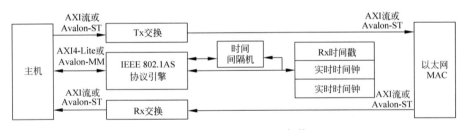

图 2-30 IEEE 802.1AS 架构

IEEE 802.1AS 和 IEEE 802.1AS-Rev 定义了广义的精确时钟同步协议 (gPTP)。与 IEEE 1588 不同，gPTP 支持媒体访问控制（MAC）层的通信，是一个完全基于二层的网络、非 IP 路由的协议，gPTP 定义了一个媒体独立子层，即使采用不同的网络技术，甚至不同媒体接入技术的混合网络，也可采用相同的时间域进行同步。这种情况下，这些时间敏感子网间信息的交换可以采用不同的包格式和管理机制。gPTP 通过约束网络内的节点，可以达到纳秒级的精度（6 跳以内任意节点间最大时钟误差不超过 1μs），因此其在车载、工业控制等对实时性要求较高的领域得到了广泛应用。

从时钟同步基本原理来看，与 IEEE 1588 一样，gPTP 也是基于主从工作模式，从站节点接收主站节点的时间同步信息，保持与主站节点的时钟同步。gPTP 通过在主时钟和从时钟之间传递时间消息，并通过计算点到点的链路传输时延、驻留时延等信息后完成时间补偿，从而实现两个节点间的高精度时钟同步。主时钟向所有直接连接的节点发送时钟同步信息,各节点通过增加通信路径所需的时间来校正接收到的同步时间。如果该节点是中转设备,则它必须将已更正的时间信息(包括对转发过程中时延的更正)转发给它所连接的所有节点,如此实现整个 gPTP 域内的时钟同步。gPTP 域中的主时钟既可以默认指定,也可以通过 BMCA 机制动态选举。

2) 调度整形机制

低时延和时延有界性是 TSN 传输确定性的首要特性。TSN 在设备间时钟同步的基础上,通过基于精准时间的优先级队列控制方式,使时间敏感类高优先级业务在"特定"时间内对时序资源专有占用,以保证高优先级业务基于精准时间的数据转发。TSN 时延抖动精准调控的本质在于对时序资源的有序分配和动态协调。因此,实现 TSN 资源分配和协调的调度整形机制及数据传输机制就是实现工业控制业务时延精准调控、时延抖动有界性的关键保障。TSN 的调度整形机制是实现多业务承载的基础,它的核心思想是基于不同的整形器(Shaper)来进行不同应用场景的流控制,如基于信用的整形器(CBS)、时间感知的整形器(TAS)、周期性排队和转发机制整形器(CQF)、异步数据流整形器(ATS)等。基于对时间同步的需求不同,以上调度整形机制又可以分为同步类调度算法和异步类调度算法,不同调度整形机制提供的时延和抖动保障能力不同,应用的业务类型和场景也不相同。

同步调度机制中以 IEEE 802.1Qbv 提出的 TAS 门控机制最为常用,是当前 TSN 调度整形机制研究及设备实现中使用最为广泛的整形机制。TAS 时间感知流量调度是在时钟同步的基础上,对流量进行基于时间约束的传输调度,优先执行对时间因子更为敏感的数据传输。时间感知调度增加了时间维度,利用时分多址协议,把时间分割为固定周期长度的帧;每一帧又分割为若干更细粒度的时间片,称为时隙或时间槽。每个时隙被分配特定的以太网优先级,不同优先级的时隙构成一种虚拟信道,允许特定的实时流量能在非实时流量负载中交替传输,显著减少了突发故障或异常发送对实时数据传输的影响。

TAS 的核心是时间感知的门控机制,这是一种基于时间对队列的传输开关进行控制的机制。其工作原理是在交换设备缓冲区队列后面加上门结构,利用门来阻塞队列的出帧操作。当队列的门状态为"开"(open)时,该队列中的数据包能够进行传输;当队列的门状态为"关"(close)时,该队列中的数据包需要在队列中等待,直至其门状态变为"开"。门的开关状态统一由基于时间的门控列表进行配置,如图 2-31 所示。它分为 8 个队列,可分别对应于 8 种类型的业务,这些业务具有不同的时延需求、优先级等特点。门控列表一般离线求解,再静态配置,通过在预定时刻读入门控列表中的相应门控向量来更新门状态。在不支持 TAS 机制的网络中,可设置上述门控为全开状态。在图 2-31 中,若在 T0 周期读取门控向量 00001000,则表示队列 3 门关闭,不允许该队列中的流量传输,而其他队列允许传输。

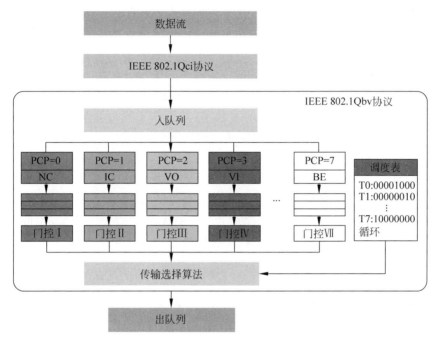

图 2-31 门控调度机制示意图

基于上述门控机制，TAS 能够实现不同优先级队列间传输的"隔离"，即高优先级业务流和低优先级业务流在传输介质上的传输时间完全不重合，从而保证了高优先级业务基于精准时间的转发，为等时、强实时需求的工业控制类业务等时间敏感流提供了超低时延及抖动的保障。但是，需要注意的是，TAS 机制仅是对 TSN 中一个网桥设备的一个发送端口的发送机制进行了规范，如何实现多网桥设备间门控列表的相互协同还需结合实际应用场景进一步分析。

3）可靠性保障机制

工业网络不仅要为工业业务提供有界低时延的时延性能保障，还要为工业数据传输提供可靠性的性能保障。数据在传输过程中不丢失、不失序、不重复，是衡量通信链路可靠性的重要指标。TSN 从数据流管理、资源保障和传输策略三个方面来保障数据传输的可靠性。

在数据流管理方面，IEEE 802.1Qci 提供了流过滤和管制机制，采用流标识（stream ID）识别不同的业务流，通过对每条业务流进行管理、计量和监控，为不同的业务流提供不同的 QoS 保障策略。IEEE 802.1Qci 可对特定标识的数据帧加以控制，确保输入流量符合规范，有效防止由于故障或拒绝服务攻击等引起的异常流量问题，从而提升数据传输的稳定性和可靠性。

在网络资源保障方面，IEEE 802.1Qca 为业务流建立端到端的传输路径，并根据业务流资源决策情况进行传输路径沿途节点的带宽预留，通过路径控制与资源预留，为高优先级业务在网络中的端到端传输提供可靠的路径选择与资源保障。路径控制与资源预留的实现需要 TSN 数据面和控制面配合完成，数据面执行拓扑发现和路径计算，控制面基于全局节点及链路信息进行显示路径选择、预留带宽的集中决策。

在数据传输策略方面，为保证数据传输的不失序和不重复，IEEE 802.1Qcb 提供了高可靠帧复制与删除机制，利用冗余路径策略使同一业务流数据分组可以在多条不同链路上传输，降低端到端的丢包率，并提供了帧消除策略以减少链路拥塞，保证链路层数据传输的有序进行，为上层应用提供可靠的点到点链路保障。由于数据包的复制、删除等操作在 MAC 层完成，所以该操作对上层应用不可见，既提高了数据传输的可靠性，也实现了与其他标准的兼容。IEEE 802.1cb 在网络的源端系统和中继系统中对每个包进行序列编号和复制，并在目标端系统和其他中继系统中消除这些复制帧，可以用来防止由于拥塞导致的丢包情况，还可以降低由于设备故障造成的分组丢失概率及故障恢复时间，有效提高数据交互的可靠性。

4）管理与配置机制

TSN 基于软件定义网络（software defined network，SDN）控制平面和转发平面解耦的思想，系统终端配置及 TSN 流表配置通过 TSN 控制器实现，并与执行转发的 TSN 交换机分开，控制面和转发面通过 NETCONF、RESTCONF 网管协议交互。IEEE 802.1Qcc 协议讨论了 TSN 网络配置架构，包括"全分布式""分布+集中混合式""完全集中式"三种方案，如图 2-32 所示。

在全分布式架构中，终端需求和流量配置表均通过用户网络接口（UNI）进行传输，网络控制在 TSN 交换机本地执行，并且不对终端进行控制，须提前离线配置好终端。该架构模型配置方式较复杂，维护成本高，没有专门的用户控制中心（control user center，CUC）和网络控制中心（control network center，CNC）控制，因此对终端设备及交换机的自主配置有较高的要求。

分布+集中混合式架构是一种混合架构。系统中没有统一的 CUC，用户信息配置通过用户接口实现分布式配置。系统中设立集中的网络控制中心 CNC 来管理所有桥接设备和网关等网络设备，CNC 可以配置网络拓扑，通过南向接口下发更新路由路径，发送门控列表等配置信息给 TSN 交换机。

完全集中式架构应用最为广泛。其中，CUC 是中心化用户配置，负责采集终端业务的带宽、时延、抖动等网络服务质量需求，并将其转换后通过北向接口发送给 CNC。CNC 相当于 TSN 网络控制器，包含计算拓扑路径、数据转发、流表管理等网络功能，并通过南向接口下发更新门控列表等配置信息给 TSN 交换机。

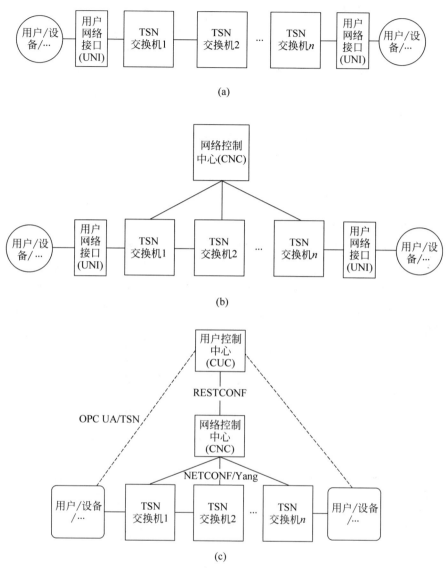

图 2-32 TSN 网络配置架构

(a) 全分布式架构；(b) 分布＋集中混合式架构；(c) 完全集中式架构

2.2.4 窄带物联网

低功耗广域网(low-power wide-area network，LPWAN)技术，在工业物联网领域应用广泛。和传统无线通信技术相比，LPWAN 技术有着自己的优势，例如，传输距离比基于 IEEE 802.15.4 的无线技术更远，能量功耗又比蜂窝技术(GPRS/3G/4G)更低，其特点还包括数据速率低、占用带宽小、传输数据量少、通信频次低、网络信号穿透力强等，适合大规模工业物联网应用部署。LPWAN 技术包括远距离无线电(LoRa)和窄带物联网(NB-IoT)两种通信标准。

LoRa 采用异步通信协议,在处理干扰、网络重叠、可伸缩性等方面具有自己的特性,但不能提供像蜂窝网络一样的 QoS。相对于全国性的部署,LoRa 更适合区域性的部署。在企业部署时,较大的难题是 LoRa 基站的选址需要现场有电源供电。在网络部署边界区域,也许只有少量的用户终端,但为了实现全覆盖,必须增加基站部署,这些都会导致网络建设成本增加、施工困难、维护不易等问题。NB-IoT 技术使用国际标准授权频谱,方便在现有的蜂窝网络上快速部署,这不仅可以保护运营商投资的延续性,还可以促进芯片、通信模组、智能终端的产业链规模化,从而降低工业物联网部署的建设成本和维护成本,成为工业物联网的首选网络连接技术。NB-IoT 的典型特征为广覆盖、低功耗、低成本和大连接。

1. NB-IoT 系统架构

在工业物联网场景下,智能终端数众多、功耗控制严格、小数据包通信、网络覆盖分散,通信业务具有非频繁小包数据收发、大连接、低功耗特性,传统的蜂窝网络已难以满足需求:以话音承载为主的 2/3G 网络面临退网风险;而以数据承载为主的 LTE 网络,在传输非频繁小数据包时,存在网络信令开销远大于传输数据的问题,而信令高负荷会导致资源利用率低,造成宝贵的通信资源的浪费。为适应工业物联网新型业务的需求,3GPP 对 LTE 网络架构和流程进行优化,提出了窄带物联网技术(NB-IoT),主要用于解决小数据包业务的传输、非格式化的 Non-IP 数据和 SMS 短信数据的传输问题。

NB-IoT 系统架构分为 5 个部分,如图 2-33 所示,分别是智能终端(即 NB-IoT 终端)、运营商基站(即 NB-IoT 基站)、运营商核心网(即 NB-IoT 核心网)、工业物联网平台,以及各种工业互联网垂直行业应用。

图 2-33 NB-IoT 系统架构

(1) NB-IoT 终端,涉及 NB-IoT 芯片、NB-IoT 通信模组、NB-IoT 智能终端、传感器等。NB-IoT 终端是移动通信网络的接入点,终端要把用户数据或感知数据传递给网络,需要与基站先建立起空口的无线信令连接,在完成控制面的信令连接后,通过用户面的传输通道把用户数据或感知数据传递到无线基站。

(2) NB-IoT 基站,实现 NB-IoT 智能终端和运营商核心网之间的通信和管理功能,通过运营商网络连接的 NB-IoT 智能终端必须在基站信号的覆盖范围内才能进行通信。

(3) NB-IoT 核心网,用来完成 NB-IoT 智能终端在运营商网络体系内的接入和交互流程处理。

（4）工业物联网平台，主要用于管理海量的智能终端，提供云服务平台能力和大数据分析能力等。工业物联网平台通常具有设备接入及管理、数据采集管理及分析、各种终端通配及扩展等功能，支持直连设备和非直连设备场景下的各种连接方式。工业物联网平台积极推进大规模连接，初期的重点是连接管理与设备管理，海量的终端设备需要和工业物联网平台之间进行通信，不仅可以掌握每个终端的运行情况，还可以通过下发控制命令实现所需的远程功能。未来，随着连接规模的扩大，应用使能和安全服务的重要性逐渐凸显。因此，平台服务是海量连接的生态聚合点，也是各方争夺的重点。

（5）工业互联网垂直行业应用，主要针对每个细分领域，提炼各自的行业属性和管理诉求，服务最终用户。工业互联网垂直行业应用对智能终端采集的数据进行计算、处理和挖掘，从而实现对物理世界的实时控制、精确管理和科学决策。大多数行业应用关注数据展示、数据上传、数据下发、数据存储等功能，与工业物联网平台的北向接口进行通信，隐藏实现方式，帮助用户建立新兴的管理模式和商业模式。

2. NB-IoT 无线接入网架构

NB-IoT 系统网络架构和 LTE 系统网络架构相同，都称为 EPS（evolved packet system，演进的分组系统）。EPS 包括三个部分，分别是 EPC（evolved packet core，演进的核心系统）、eNB(eNodeB，基站)、NB-IoT UE(user equipment，智能终端)。与 LTE 类似，NB-IoT 的控制面与用户面分离，信令走控制面，用户数据走用户面。但针对低速率业务，NB-IoT 可以直接通过控制面来传输用户数据，不再建立专用的 DRB 承载，从而省去了 NAS 和核心网建立连接的信令流程，缩短了唤醒恢复时延。

终端通过 NB-IoT Uu 口与支持 NB-IoT 的增强型无线基站（eNB）相连，并通过这个基站与支持 NB-IoT 的核心系统（EPC）实现通信，进而完成整个端到端的业务接续。其中 eNB 负责接入网部分，也称为 E-UTRAN，本书中也称为无线接入网。NB-IoT 无线接入网的整体架构如图 2-34 所示。

NB-IoT 无线接入网由一个或多个基站（eNB）组成，eNB 基站通过 Uu 接口（空中接口）与智能终端通信，给智能终端提供用户面，包括 PDCP（packet data convergence protocol，分组数据汇聚协议）、RLC（radio link control，无线链路控制层）、MAC（media access control，媒体访问控制层）、PHY（physical layer，物理层）和控制面，如 RRC（radio resource control，无线资源控制）的协议终止点。eNB 基站之间通过 X2 接口进行直接互连，解决智能终端在不同 eNB 之间的切换问题。接入网和核心网之间通过 S1 接口连接，eNB 基站通过 S1 接口连接到 EPC。

3. B-IoT 智能终端入网流程

NB-IoT 终端设备刚上电后，对于网络侧来说是不可达的，终端需要与 NB-IoT

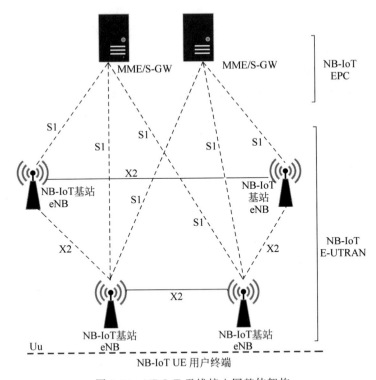

图 2-34 NB-IoT 无线接入网整体架构

网络建立连接关系,即有一个入网过程,然后才能开始发送或接收数据。具体入网流程如下:

(1) 智能终端开机后,首先进行初始化。

(2) 进行小区搜索,小区搜索过程是智能终端和小区取得时间和频率同步并检测小区 ID 的过程。

小区搜索完成后,智能终端会获得当前小区的 PCI(physical cell identifier,物理小区标识),智能终端使用获得的 PCI 去解当前小区的 MIB(master information block,主系统模块)和 SIB(system information block,系统信息模块)消息,然后进行消息解析。MIB 消息包含天线数、下行带宽、小区 ID、注册的频点等消息;SIB 消息包含 PLMN(public land mobile network,公共陆地移动网络)、小区 ID、S 准则中的可用信息。下一步则根据得到的信息选择小区。在 SIB 消息中会携带网络侧的 PLMN 列表,智能终端的接入层(access stratum,As)会把解析的 PLMN 列表上报自己的 NAS(non-access stratum,非接入层),由 NAS 层执行 PLMN 的选择,选择合适的 PLMN。选定 PLMN 后会在该 PLMN 下选择合适的小区,小区的选择按照 S 准则,智能终端选择该 PLMN 下信号最强的小区进行驻留。

(3) 小区选择成功后进行小区驻留。当驻留到小区后,启动随机接入过程,建立 RRC 连接,完成上行链路同步。随机接入过程是智能终端向系统请求接入,收到系统响应并分配接入信道资源的过程。

(4) RRC 连接建立,完成 attach 附着。附着过程完成后,网络侧记录智能终端的位置信息,相关节点为智能终端建立上下文。同时,网络建立为智能终端提供"永远在线连接"的默认承载,并为智能终端分配 IP 地址/智能终端驻留的跟踪区列表等参数。

(5) 此后,智能终端在空闲状态下需要发送业务数据时,便可发起服务请求过程。当网络侧需要给智能终端发送数据时,则发起寻呼过程;当智能终端关机时,则发起去附着流程通知网络侧释放其保存的该智能终端的所有资源的过程。

4. 数据上报与下发流程

数据上报与下发分别通过上行链路和下行链路来完成。上行链路与下行链路所蕴含的概念很多。通俗地讲,上行链路的代表是上行流量,它是指智能终端向外部发出信息的流量,即智能终端向外部发送数据为上行;下行链路的代表是下行流量,它是指智能终端从外部接收到信息的流量,即智能终端从外部接收数据为下行。

上报数据的流程如图 2-35 所示,具体包括:

(1) 终端设备采集和收集相应的信息,整合成数据存储到设备中。终端设备选取数据,调用 AT(attention)命令集的命令通过串口发送到 NB-IoT 通信模组中。终端设备的 NB-IoT 通信模组接收到 AT 命令后,将数据封装成特定的协议格式,发送到附近的基站。

(2) 当消息到达工业物联网平台时,解析消息,获取相应的信息。

(3) 系统将信息以推送的方式,上报至应用侧。

(4) 工业物联网平台接收到终端设备的数据后,返回一个确认的消息。

(5) 终端设备接收到工业物联网平台的确认消息之后,需要返回一个响应。

下发指令的流程如图 2-36 所示,具体包括:

(1) 应用侧下发指令,指令到达工业物联网平台。

(2) 工业物联网平台会根据当前终端设备状态的参数及缓存队列之中的优先级,判断接收到的指令是立即下发还是缓存。

(3) 如果设备未上线,终端设备会周期性发送一条激活数据。

(4) 工业物联网平台会按照缓存队列之中的指令将数据下发到终端设备。

(5) 终端设备对下发数据返回一个确认响应。

5. 技术优势及应用场景

NB-IoT 定位于运营商级,是基于授权频谱的低速率工业互联网市场,既可直接部署于 LTE 网络,也可以基于目前运营商现有的 2G、3G 网络,通过设备升级方式来部署,可降低部署成本和实现平滑升级,是一种可在全球范围内广泛使用的工业互联网新兴技术,可构建全球最大的蜂窝工业物联网生态系统。NB-IoT 技术的优势具体体现在以下方面:

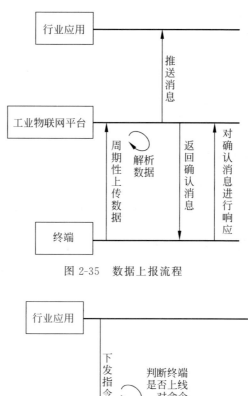

图 2-35 数据上报流程

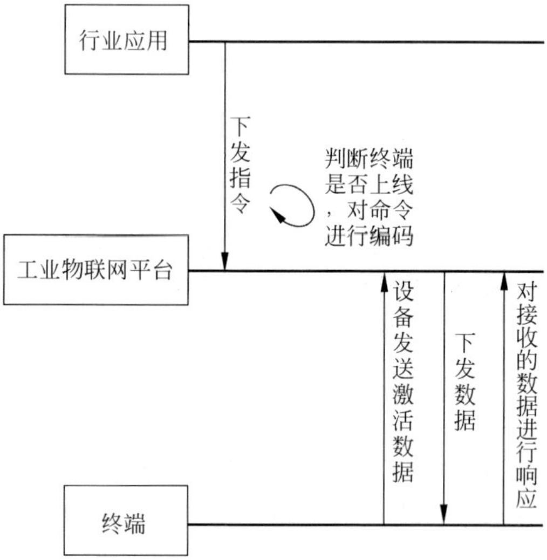

图 2-36 数据下发指令流程

(1) 广覆盖。NB-IoT 与 GPRS 或 LTE 相比,最大链路预算提升了 20dB,相当于提升了 100 倍,即使在地库、地下室、地下管道等普通无线网络信号难以到达的地方也容易覆盖到。

(2) 低功耗。NB-IoT 可以让设备一直在线,但是可通过减少不必要的信令、更长的寻呼周期及终端进入 PSM 状态等机制来达到省电的目的,有些场景的电池供电可以长达 10 年之久。

(3) 低成本。低速率、低功耗、低带宽可以带来终端的低复杂度,便于终端做到低成本。同时,NB-IoT 基于蜂窝网络可直接部署于现有的 LTE 网络,运营商部署成本也比较低。

（4）大连接。NB-IoT 基站的单扇区可支持超过 5 万个智能终端与核心网的连接，是现有的 2G、3G、4G 移动 50~100 倍的用户容量提升。

（5）授权频谱。NB-IoT 可直接部署于 LTE 网络，也可以利用 2G、3G 的频谱重耕来部署，无论是数据安全和建网成本，还是在产业链和网络覆盖，相对于非授权频谱都具有很大的优越性。

（6）安全性。继承 4G 网络安全的能力，支持双向鉴权和空口严格的加密机制，确保用户终端在发送和接收数据时的空口安全性。

NB-IoT 智能终端多种多样，处理流程也不完全相同。NB-IoT 有其典型适用的应用场景，主要分为四大类场景：固定上报类（智能水表、智能燃气表、智能烟感等）、固定控制类（智能路灯、白色家电、智能门锁等）、移动上报类（物流追踪器、智能手环、可穿戴设备等）、移动控制类（共享单车、电动车控制器、金融租赁等）。

（1）固定上报类。固定上报类的终端应用部署位置固定，数据传输业务具有周期性；大部分时间处于睡眠状态，无须接收寻呼消息，仅在终端发送上行数据时接收下行数据。此类终端应用要求低功耗及高数据传输成功率，但对数据的实时性要求低。

（2）固定控制类。固定控制类的终端应用部署位置固定，不仅需要上报数据，还要能及时接收下行控制数据。若通过电池供电，为了省电，大部分时间仍然处于睡眠状态；若通过外部电源供电，大部分时间处于在线状态，能实时接收下行数据。

（3）移动上报类。移动上报类终端应用会在移动状态下进行数据传输业务，无须接收寻呼消息，仅在终端发送上行数据时接收下行数据。该类终端应用要求低功耗，对数据实时性要求低。

（4）移动控制类。移动控制类的终端应用处于移动状态下，且在大部分时间处于在线状态，要求能实时接收下行数据或传输上行数据。此类终端的电池容量较大，或者是充电电池，不用过多考虑低功耗特性，但对数据的实时性要求高。

2.3　工业信息物理系统

在传统的有关计算系统和物理系统的观念中，信息世界（cyber space）与物理世界（physical world）是分开的，从而导致各经济领域中信息基础设施建设与物理基础设施建设之间的分离。随着现代社会的飞速发展，人们对信息技术提出了更高的要求。人类赖以生存的物理世界正朝着数字化、网络化、智能化的方向发展，最终将实现与信息世界的融合与统一。在这样的背景下，信息-物理融合系统（cyber physical system，CPS）的概念便应运而生。在 CPS 的全称中，cyber 代表计算系统和网络系统所组成的信息世界，包括离散的计算进程、逻辑的通信过程和反馈控制过程等；physical代表物理世界中的进程、对象或事件，它是指各种自然或人造系统按照物理世界的客观规律在连续时间上的运行。

对于CPS的定义，国内外尚无统一定论，不同的专家学者或组织从不同的研究角度对CPS进行了描述。例如，美国国家科学基金会的定义是"计算资源与物理资源间的紧密集成与深度协作"；中国科学院何积丰院士认为CPS从广义上理解，就是一个在环境感知的基础上，深度融合了计算、通信和控制能力的可控、可信、可扩展的网络化物理设备系统，它通过计算进程和物理进程相互响应的反馈循环实现深度融合和实时交互来增加或扩展新的功能，以安全、可靠、高效和实时的方式监测或控制一个物理实体。上述定义的侧重点不同，但是归结起来，CPS具备"深度嵌入、泛在互联、智能感知和交互协同"的共同特点，其本质就是构建一套赛博（cyber）空间与物理（physical）空间之间基于数据自动流动的状态感知、实时分析、科学决策、精准执行的闭环赋能体系，以解决生产制造、应用服务过程中的复杂性和不确定性问题，提高资源配置效率，实现资源优化。因此，从这个角度来看，工业领域中的工业控制系统就是典型的CPS系统。随着TSN、5G等现代信息技术的发展，工业互联网背景下的现代工业控制系统越来越多地与信息网络融合，已经成为信息物理高度耦合的工业CPS。

中国电子技术标准化研究院发布的《信息物理系统白皮书（2017）》中指出，信息物理系统具有明显的层级特征，小到一个智能部件、一个智能产品，大到整个智能工厂都能构成信息物理系统。信息物理系统建设的过程就是从单一部件、单机设备、单一环节、单一场景的局部小系统不断向大系统、巨系统演进的过程，是从部门级到企业级、再到产业链级乃至产业生态级演进的过程，是数据流闭环体系不断延伸和扩展的过程，并逐步形成相互作用的复杂系统网络，突破地域、组织、机制的界限，实现对人才、技术、资金等资源和要素的高效整合，从而带动产品、模式和业态创新。具体可将其划分为单元级、系统级、SoS级（system of systems，系统之系统级）三个层次。

单元级是具有不可分割性的信息物理系统最小单元，其本质是通过软件（如嵌入式软件）对物理实体及环境进行状态感知、计算分析，并最终控制物理实体，构建最基本的数据自动流动的闭环，形成物理世界和信息世界的交互融合。单元级是具备了可感知、可计算、可交互、可延展、自决策功能的最小CPS单元，一个智能部件、一台智能机器人或一台智能数控机床都可能是一个CPS最小单元。工控领域的一个PLC控制单元也可以看作单元级的CPS。

系统级是多个最小CPS单元（单元级）通过工业网络（如工业现场总线、工业以太网等）实现更大范围、更宽领域的数据自动流动，并构成智能生产线、智能车间、智能工厂，实现了多个单元级CPS的互联、互通和互操作，进一步提高了制造资源优化配置的广度、深度和精度。系统级CPS基于多个单元级最小单元的状态感知、信息交互、实时分析实现了局部制造资源的自组织、自配置、自决策、自优化。由传感器、控制终端、组态软件、工业网络等构成的分布式控制系统(DCS)和数据采集与监控系统(SCADA)是系统级CPS,由数控机床、机器人、AGV小车、传送带等构成的智能生产线也是系统级CPS。

系统之系统级(即SoS级)是多个系统级CPS的有机组合。SoS级CPS通过大数据平台实现了跨系统、跨平台的互联、互通和互操作,促成了多源异构数据集成、交换和共享的闭环自动流动,在全局范围内实现信息全面感知、深度分析、科学决策和精准执行。基于大数据平台,通过丰富开发工具、开放应用接口、共享数据资源、建设开发社区,加快各类工业App和平台软件的快速发展,形成一个赢者通吃的多边市场,构建一个新的产业生态。可见,SoS级CPS概念和工业互联网概念具有相同的愿景和目标。

下面以PLC系统、DCS和SCADA系统为例对工业领域单元级和系统级CPS进行介绍。PLC系统一般用于实现工业设备的具体操作与工艺控制,现场测控功能强,通常也作为SCADA或DCS的组成部分,实现一些小范围的系统控制流程。DCS又称集散控制系统,基本思想是集中管理、分散控制,用于控制在同一地理位置的生产系统。一个DCS使用一个集中的监控回路来调节一组分担着贯穿整个生产过程的全部任务的本地控制器。通过将生产系统模块化,DCS降低了单一故障对整个系统的影响,适用于测控点数多、测控精度高、测控速度快的工业现场。SCADA系统则包含两个层次的基本功能,即数据采集和监控,主要是对分布距离远,生产单位分散的生产系统进行数据采集、监视和控制。SCADA经通信网络与人机交互界面进行数据交互,可以对现场的运行设备进行实时监视和控制,以实现数据采集、设备控制、测量、参数调节及各类信号报警等。

2.3.1 PLC系统

工业设备或生产过程中存在大量的开关量顺序控制问题。它们要求按照逻辑条件顺序动作,从而保证异常情况下可以根据逻辑关系进行联锁保护。传统的气动或电气控制系统难以实现复杂的逻辑控制,不适应柔性生产的需求,存在可靠性差、维护复杂等问题。在大规模集成电路和计算机技术背景下,半导体逻辑器件的快速发展为开发和制造一种新型控制装置并取代传统继电器创造了契机。

PLC(programmable logic controller)是指以计算机技术为基础的新型数字化工业控制装置,或者说是一种专门为在工业环境下应用而设计的进行数字运算操作的电子装置。它采用一类可编程的存储器来存储其内部程序,执行逻辑运算、顺序运算、定时、计数与算术操作等面向用户的指令,并通过数字或模拟式的输入/输出控制各种类型的机械或生产过程。

PLC作为一种工业控制计算机,与普通计算机的结构相似。然而,由于使用场合、目的存在差异,它们在结构上仍有一些差别。PLC硬件系统的基本结构框图如

图 2-37 所示,系统主机主要由 CPU、存储器(EPROM、RAM)、输入/输出单元、外设 I/O 接口、通信接口及电源组成。

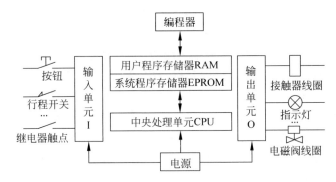

图 2-37 PLC 的硬件系统结构框图

相比传统的模拟式控制,PLC 部署了软件系统,用于控制 PLC 完成各种功能。具体来说,该软件系统的程序由 PLC 生产厂家编写并且固化到只读存储器中,且用户不能访问。另外,用户程序是用户根据设备或生产过程的控制要求编写的程序,可以将其写入 PLC 的随机存储器中。

一般来说,PLC 的工作方式可分为两种:一种是循环扫描的工作方式,另一种是中断的工作方式。

1. 循环扫描的工作方式

PLC 采用独特的循环扫描技术来工作。当 PLC 投入运行后,其工作过程一般分为三个阶段,即输入采样、用户程序执行和输出刷新。整个过程执行一次所需要的时间称为扫描周期。在整个运行(RUN)期间,PLC 的 CPU 将以一定的扫描速度重复执行上述三个阶段,具体工作过程如图 2-38 所示。

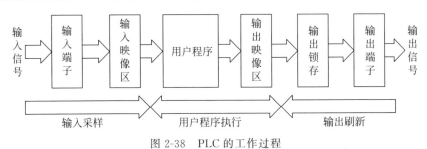

图 2-38 PLC 的工作过程

1) 输入采样阶段

在输入采样阶段,PLC 以扫描方式依次读入所有输入状态和数据,并将它们存入 I/O 映像区中的相应单元内。当输入采样结束后,PLC 则转入用户程序执行和输出刷新运行阶段。在这两个阶段,即使输入状态和数据发生变化,I/O 映像区中相应单元的状态和数据也不会改变。因此,如果输入的是脉冲信号,则该脉冲信号的宽度必须大于一个扫描周期,才能保证在任何情况下,该输入均能被读入。

2) 用户程序执行阶段

在用户程序执行阶段,PLC 总是按自上而下的顺序依次扫描用户程序。例如,在如图 2-39 所示的梯形图中,PLC 在扫描每一条指令时,首先扫描梯形图左边由各触点构成的控制线路,并按先左后右、先上后下的顺序对该控制线路进行逻辑运算。在此基础上,PLC 根据逻辑运算的结果刷新该逻辑线圈在系统 RAM 存储区中对应位的状态(即内部寄存器变量),或通过刷新该输出线圈输出映像区中对应位的状态(即输出变量)。在用户程序执行过程中,输入点在输入映像区内的状态和数据不会发生变化,而其他输出点和软设备在输出映像区或系统 RAM 存储区内的状态和数据都有可能发生变化,并且排在上面的梯形图的程序执行结果会对排在下面的凡是用到这些线圈或数据的梯形图起到作用;相反,排在下面的梯形图被刷新的逻辑线圈的状态或数据只能到下一个扫描周期才能对排在其上面的程序起到作用。

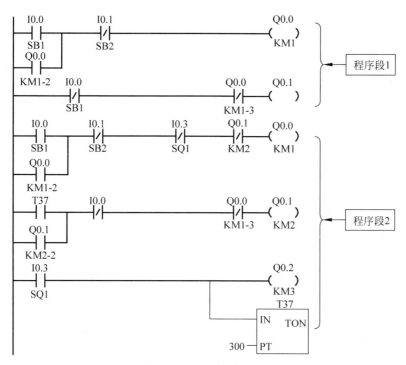

图 2-39 PLC 的梯形图

3) 输出刷新阶段

当用户程序扫描结束后,PLC 就进入输出刷新阶段。在此期间,CPU 按照 I/O 映像区内对应的状态和数据刷新所有的输出锁存电路,再经输出电路驱动相应的外设,从而改变被控过程的状态。

2. 中断的工作方式

PLC 的循环扫描工作方式使得系统难以应对新的输入状态的变化。在工业现场，中断常用于故障处理。例如，PLC 的一个扫描周期为 Ts，也就是说，当 PLC 产生输入后，必须等待 Ts 后才会有新的输出。在这种情况下，如果扫描周期内出现紧急情况，传统的顺控方式需要等该扫描周期结束后才能处理紧急情况，这样可能造成很大的损失。因此，为了提高 PLC 对这类事件的处理能力，一些中型 PLC 在循环扫描工作模式的基础上增加了中断方式。这种混合工作模式的基本原理与计算机的中断处理过程类似。当有中断请求发生时，操作系统中断目前的处理任务并转向执行中断处理程序。待中断程序处理完毕，系统再次返回并运行原来的程序。当有多个中断请求时，系统会按照中断的优先级排序处理。具体来说，PLC 的中断处理方法如下：

（1）外部输入中断，设置 PLC 部分输入点作为外部输入中断源，当外部输入信号发生变化后，PLC 立即停止执行，转向执行中断程序。对于这种中断处理方式，要求将输入端设置为中断非屏蔽状态。

（2）外部计数器中断，即 PLC 对外部的输入信号进行计数，当计数值达到预定值时，系统转向执行中断处理程序。

（3）定时器中断，当定时器的定时值达到预定值时，系统转向处理中断程序，PLC 对中断程序的执行只有在中断请求被接受时才执行一次，而用户程序在每个扫描周期都要被执行。

2.3.2 DCS

集散控制系统（distributed control system，DCS）是以微处理机为基础，控制功能分散和操作管理集中，管理与控制相分离，集先进的计算机技术、通信技术、CRT 技术和控制技术（"4C"技术）于一体的新型控制系统。

通常，一个最基本的 DCS 应包括四大组成部分：一个现场控制站、至少一个操作员站、一个工程师站（也可以利用一个操作员站兼做工程师站）和一个系统网络。集散控制系统的结构示意图如图 2-40 所示。

现场控制站主要完成各种控制功能，包括回路控制、逻辑控制、顺序控制及这些控制所必需的现场 I/O 处理，通过现场仪表直接与生产过程相连接，采集过程变量信息，并进行转换和运算等处理，产生控制信号来驱动现场的执行机构，最终实现对生产过程的控制。在一套 DCS 中，根据危险分散的原则，按照工艺过程的相对独立性，每个典型的工艺段应配置一对冗余的主控制器，主控制器在设定的控制周期下，循环执行以下任务：从 I/O 设备采集现场数据、执行控制逻辑运算、向输出设备输出控制指令、与操作员站进行数据交换。

操作员站主要完成操作人员所发出的各条命令、图形与画面的显示、报警的处理、对现场各类检测数据的集中处理等。操作员站提供了良好的人机交互界面，它

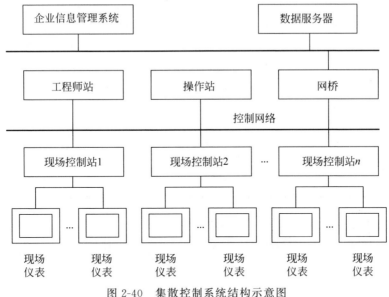

图 2-40 集散控制系统结构示意图

作为系统投运后日常值班操作的人机接口设备,操作人员可以监视工厂的运行状况并进行少量必要的人工控制,每套系统按工艺流程的要求,可以配置多台操作员站,每台操作员站供一位操作员使用,监控不同的工艺过程,或者多人备份同时监控相同的工艺过程,在一些小的 DCS 中,操作员站兼有工程师站的功能,在操作员站上也可以进行系统组态和维护的部分或全部工作。

工程师站主要完成系统的组态功能和在线系统监督、控制与维护。工程师站主要供仪表工程师使用,作为系统设计和维护的主要工具。仪表工程师可在工程师站进行系统配置、I/O 数据设定、报警和报表设计打印、操作画面设计和控制算法设计等工作。一般每套系统配置一台工程师站即可。工程师站可以通过网络连入系统在线(On-Line)使用,比如,在线进行算法仿真调试,也可以不连入系统离线(Off-Line)运行。一般在系统投运后,工程师站就可以不再连入系统,甚至不上电了。

控制网络用于将操作员站、工程师站、系统服务器等操作层设备和控制层的主控制器连接起来,传递各工作站之间的数据、指令和其他信息,实现数据和信息资源的共享。组成系统网络的主要设备有网络接口卡、集线器(或交换机)、路由器和通信线缆等。

由多台计算机构成的集散控制系统在 20 世纪 80 年代和 90 年代占据着数字控制系统的主导地位。该系统主要分为过程控制级和过程监控级,也可进一步根据网络结构的复杂程度和系统的层级关系设计成多级次、递阶的拓扑结构。通常,DCS 自下而上分为控制级、监控级和管理级,每级之间依次由控制网络、监控网络、管理网络将相应的设备进行连接,从而完成数据和命令的传输。典型的 DCS 分级管控的硬件结构如图 2-41 所示。上位机（工程师站和工作站等）用于集中监视管理，若干台下位机（现场控制站）分散到现场实现分布式控制，上位机、下位机之间用控制网络互联以实现相互之间的信息传递。DCS 的体系结构有力地克服了集中式数字控制系统中对控制器处理能力和可靠性要求高的缺陷，既实现了地理上和功能上分散的控制，又通过高速数据通道把各个分散点的信息集中监视和操作，并能实现对高级复杂规律的控制。

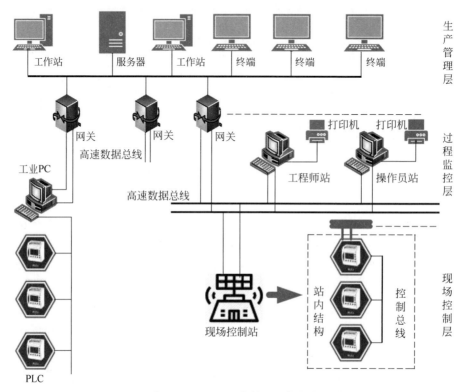

图 2-41　典型的 DCS 分级管控的硬件结构示意图

国内主流生产 DCS 的企业有和利时、浙江中控、南京科远等。其中，浙江中控的 DCS 主要为 Web Field 系列，具体包括 JX-300XP、ECS-100、ECS-700。以 ECS-100 为例，该系列 DCS 融合了现场总线技术、嵌入式软件技术、先进控制技术与网络技术，实现了多种总线兼容和异构系统的综合集成。国外的主流 DCS 企业主要有霍尼韦尔、ABB、Emerson、罗克韦尔等，国外的主要 DCS 产品——罗克韦尔自动化 PlantPAx 如图 2-42 所示。

DCS 的发展应用使过程控制更加便捷、安全可靠、易于维护，提高了产品质量和工作效率，实现了数据共享，达到了信息化管理的目的。同时，随着各设备之间的信号传递从模拟信号逐步变为数字信号，现场过程控制的动态实时性由过程控制级的独立单元来完成，这极大地减轻了集中数据处理和数据传输的压力，可以

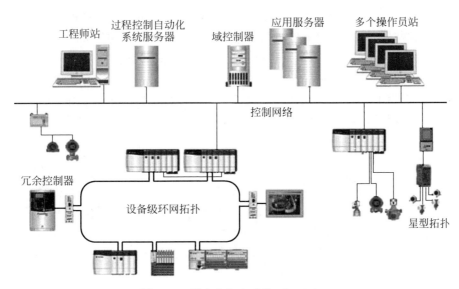

图 2-42 罗克韦尔自动化 PlantPAx

说,DCS 是目前工业系统中普遍使用的一种控制结构。

2.3.3 SCADA 系统

工业控制数据采集与监视控制(supervisory control and data acquisition,SCADA)系统是由计算机设备、工业过程控制组件和网络组成的控制系统,用以对工业生产过程进行数据采集、监测和控制,保证工业生产过程的正常运转。监控与数据采集包含两个层次的功能,即数据采集和监督控制,其中数据采集是基础。SCADA 主要用于测控点十分分散、分布范围广泛的生产过程或设备的监控。通常情况下,测控现场是无人或少人值守。SCADA 系统完成了对测控点分散的各种过程或设备的实时和非实时数据采集、本地或远程的自动控制,以及生产过程的全面实时监控。

一套 SCADA 系统通常由一个主站和多个子站(远方终端装置 RTU 或其他自动化系统)组成。主站通常位于控制中心,子站安装在厂站端。SCADA 系统的主站分为前置子系统和后台子系统,两者通过局域网相连并相互通信。前置子系统主要完成与厂站端及其他调度控制中心的通信,并将获得的数据发送给后台子系统,由后台子系统进行数据处理。主站通过广域网实现与子站的通信,完成数据采集和监视控制。除了接收子站的信息外,主站还需要接收从下级调度控制中心主站转发来的信息,再向上级调度控制中心转发本站的信息。厂站端既是 SCADA 系统的数据源,又是进行控制的目的地。

SCADA 系统可收集现场信息,将信息传递到一台中央计算机设备,并以图形或文本的方式为操作员显示该信息,便于操作员监视或控制整个系统。它包含三个部分：第一个是分布式的数据采集系统，也就是通常所说的下位机系统；第二个是过程监控与管理系统，即上位机系统；第三个是数据通信网络，包括上位机网络系统、下位机网络系统及将上、下位机系统连接的通信网络。典型的 SCADA 系统的结构如图 2-43 所示。SCADA 系统广泛采用"管理集中、控制分散"的集散控制思想，因此即使上、下位机通信中断，现场的测控装置仍然能正常工作，从而确保系统的安全和可靠运行。下面分别对这三个部分的组成和功能加以介绍。

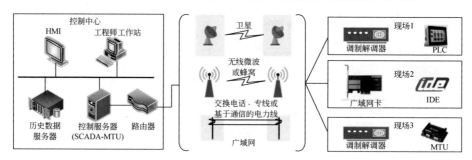

图 2-43 典型的 SCADA 系统结构图

1. 下位机系统

一般来讲，下位机都是各种智能节点，这些下位机有自己独立的系统软件和由用户开发的应用软件。该节点不仅完成数据采集功能，还能完成设备或过程的直接控制。这些智能采集设备与生产过程中的各种检测和控制设备结合，实时感知设备各种参数的状态及各种工艺参数值，并将这些状态信号转换成数字信号，通过各种通信方式将下位机信息传递到上位机系统中，并且接受上位机的监控指令，上位机将控制信号发送到下位机中，以达到远程控制的目的。典型的下位机有远程终端单元（RTU）、PLC，以及近几年才出现的 PAC 和智能仪表等。

2. 上位机系统（监控中心）

（1）上位机系统的组成。上位机系统通常包括 SCADA 服务器、工程师工作站、操作员站、Web 服务器等，这些设备通常采用以太网联网。实际的 SCADA 系统上位机系统到底如何配置还要根据系统规模和要求确定，最小的上位机系统只要有一台 PC 即可。根据可用性要求，上位机系统还可以实现冗余，即配置两台 SCADA 服务器，当一台出现故障时，系统自动切换到另外一台工作。上位机通过网络与在测控现场的下位机通信，以各种形式，如声音、图形、报表等方式显示给用户，以达到监视的目的。同时，数据经过处理后，告知用户设备状态（报警、正常或报警恢复），这些处理后的数据可能会保存到数据库中，也可能通过网络系统传输到不同的监控平台上，还可能与别的系统（如 MIS、GIS）结合形成功能更加强大的系统。

（2）上位机系统的功能。通过完成不同功能计算机及相关通信设备、软件的组合，整个上位机系统可以实现如下功能：①数据采集与状态显示；②远程监控；

③报警与报警处理；④事故追忆和趋势分析；⑤与其他应用系统的结合。

3. 通信网络

通信网络可实现 SCADA 系统各部分之间的数据通信，是 SCADA 系统的重要组成部分。与一般的过程监控相比，通信网络在 SCADA 系统中所起的作用更为重要，主要是因为 SCADA 系统监控的过程大多具有地理分散的特点，如无线通信机站系统的监控。一个大型的 SCADA 系统包含多种层次的网络，如设备层总线和现场总线；在控制中心有以太网；而连接上、下位机的通信形式更是多样，既有有线通信，也有无线通信，有些系统还有微波、卫星等通信方式。

参考文献

[1] 周志勇,任涛林,孙明,等.工业互联网平台体系架构及应用研究[J].中国仪器仪表,2021, 363(6)：45-50.
[2] 魏毅寅,柴旭东.工业互联网技术与实践[M].2 版.北京：电子工业出版社,2021.
[3] 胡典钢.工业互联网：平台架构、关键技术与应用实践[M].北京：机械工业出版社,2022.
[4] 李宗辉,杨思琪,喻敬海,等.时间敏感网络中确定性传输技术综述[J].软件学报,2022, 33(11)：4334-4355.
[5] 黎作鹏,张天驰,张菁.信息物理融合系统(CPS)研究综述[J].计算机科学,2011,38(9)：25-31.
[6] 陈佳莹,胡蔚,刘忠,等.窄带物联网(NB-IoT)原理与技术[M].西安：西安电子科技大学出版社,2020.
[7] 解运洲.工业互联网系统架构[M].北京：科学出版社,2019.
[8] 中国电子技术标准化研究院.时间敏感网络白皮书[R/OL].(2020-11)[2023-05].http:// www.cesi.cn/images/editor/20201125/20201125082908324001.pdf.
[9] 工业互联网产业联盟.时间敏感网络产业白皮书[R/OL].(2020-08)[2023-05].http:// www.aii-alliance.org/upload/202009/0901_165010_961.pdf.
[10] 王振世.大话万物感知：从传感器到工业互联网[M].北京：机械工业出版社,2020.
[11] 孔宪光.工业互联网技术及应用[M].武汉：华中科技大学出版社,2022.
[12] 韩忠华,夏兴华,高治军.信息物理融合系统(CPS)技术及其应用[M].北京：北京工业大学出版社,2018.
[13] 许方敏,伍丽娇,杨帆,等.时间敏感网络(TSN)及无线 TSN 技术[J].电信科学,2020, 36(08)：81-91.
[14] 王华忠.工业控制系统及应用 PLC 与人际界面[M].北京：机械工业出版社,2019.
[15] 张文广,王朕,肖支才,等.现场总线技术及应用[M].北京：北京航空航天大学出版社,2021.
[16] 刘东.工业机器视觉：基于灵闪平台的开发及应用[M].上海：上海教育出版社,2020.
[17] 邵欣,马晓明,徐红英.机器视觉与传感器技术[M].北京：北京航空航天大学出版社,2017.
[18] 孙学宏,张文聪,唐冬冬.机器视觉技术及应用[M].北京：机械工业出版社,2021.
[19] 李杰,邱伯华,刘宗长,等.CPS：新一代工业智能[M].上海：上海交通大学出版社,2017.

[20] 中国电子技术标准化研究院. 信息物理系统白皮书(2017)[R/OL]. (2017-03) http://www.cesi.cn/images/editor/20171010/20171010133255806.pdf.

[21] 李仁发, 谢勇, 李蕊, 等. 信息-物理融合系统若干关键问题综述[J]. 计算机研究与发展, 2012, 49(6): 1149-1161.

[22] 王晨, 宋亮, 李少昆. 工业互联网平台: 发展趋势与挑战[J]. 中国工程科学, 2018, 20(2): 15-19.

[23] 孙雷, 王健全, 朱瑾瑜, 等. 时间敏感网络技术及发展趋势[M]. 北京: 人民邮电出版社, 2022.

第 3 章

工业互联网平台使能技术

3.1 工业大数据技术

工业大数据是工业领域各类信息的核心载体,工业互联网平台通过汇聚、处理、分析、共享和应用各类数据资源,推动工业经济全要素、全产业链、全价值链的数据流通共享,实现对工业领域各类资源的统筹管理和调配,发挥大数据作为核心生产要素参与价值创造和分配的能力。

3.1.1 工业大数据技术概述

工业大数据技术是在工业领域中,围绕典型智能制造模式,从客户需求到销售、订单、计划、研发、设计、工艺、制造、采购、发货和交付、售后服务、运维、报废或回收再制造等产品全生命周期各个环节所产生的各类数据及相关技术和应用的总称。大数据技术的发展使得工业领域正式迎来了"第四次工业革命",引起了世界各国的高度重视。近年来,世界上的工业大国纷纷推出针对性的国家战略,美国的《大数据:抓住机遇、保存价值》和我国的《中国制造 2025》无不体现出全面掌握工业大数据及其相关技术的重要性与迫切性。

作为工业领域的大数据,工业大数据既具有大数据的普适性特征,又具有其独特特征,可归纳为海量性(volume)、多样性(variety)、价值性(value)、快速性(velocity)、准确性(accuracy)、强关联性(strong-relevance)及闭环性(closed-loop)。同时,它与传统大数据在数据采集、数据存储、数据分析、数据可视化等方面存在较大的差异。

3.1.2 工业大数据的主体来源

根据工业互联网产业联盟在 2017 年 7 月发布的《工业大数据技术与应用白皮书》,

工业数据的来源可分为三类,即工业物联网数据、企业信息化数据、外部跨界数据。

1. 工业物联网数据

工业物联网是物联网技术在工业领域的应用。工业物联网将具有感知、监控能力的各类采集、控制传感器或控制器,以及移动通信、智能分析等技术不断融入工业生产过程的各个环节,从而实现传统工业的智能化。工业物联网数据主要包括工业生产设备和目标产品在联网状态下,实时收集的工业生产过程装备、物料及产品加工过程的工况状态参数、环境参数等运行状态和生产状况数据。随着工业物联网技术的不断成熟,以及各类新型智能信息设备的不断出现,接入工业物联网的设备越来越多,使得工业物联网数据成为工业大数据的主要来源,具体见表3-1。

表3-1 工业物联网数据

系统类型	典型系统	数据结构	数据特点	实时性
工业控制系统	DCS、PLC	结构化	需要实时监控、实时反馈控制	实时采集
生产监控数据	SCADA	结构化	包含实时数据和历史数据	实时采集/批量导入
各类传感器	外挂传感器、条码、射频识别	结构化	单条数据量小、并发度大、常结合网关	实时采集
其他外部装置	视频摄像头	非结构化	数据量大、低时延,对网络带宽和时延有要求	实时采集

2. 企业信息化数据

企业信息化(enterprise informatization)是指将企业的日常运营过程,包括产品生产货料物流、现金流动、业务办理、客户交互、售后服务等进行数字化,并通过信息网络进行融合处理使企业能够快速掌握全部业务信息,实现业务管理的科学决策,提高企业在全球化市场经济中的竞争力。企业信息化数据主要是与生产经营相关的业务数据,包括传统工业设计和制造类软件的设计研发数据、企业资源计划的经营性数据、产品生命周期管理的生产性数据、供应链管理的物流供应数据、客户关系管理的客户信息数据、环境管理的环境数据、保养维修的售后服务数据等。这些数据隐藏于企业生产和管理的各个环节,包括办公自动化(OA)系统、企业资源计划(ERP)系统、制造执行系统(MES)、客户关系管理(CRM)系统、企业仓储管理系统(WMS)、产品生命周期管理(PLM)系统等,具体见表3-2。

表3-2 企业信息化数据

系统类型	典型系统	数据结构	数据特点	实时性
设计资料	产品模型、图纸文档	半结构化/非结构化	类型各异、更新不频繁、企业核心数据	批量导入

续表

系统类型	典型系统	数据结构	数据特点	实时性
价值链管理	供应商管理、客户关系管理	结构化/半结构化	没有严格的时效性要求,需要定期同步	批量导入
资源管理	环境管理系统、仓库管理系统、能源管理系统	结构化	没有严格的时效性要求,需要定期同步	批量导入

3. 外部跨界数据

随着工业与经济社会各个领域的融合,企业的管理者开始关注气候变化、生态约束、政治事件、自然灾害、市场变化、政策法规等因素对企业经营产生的影响。于是,外部跨界数据成为工业大数据不可忽视的来源。外部跨界数据来源于企业、产业链之外,有相应的专职机构和部门通过网络提供这类数据,如天气预报、自然灾害预警、宏观经济数据等,具体见表 3-3。

表 3-3 外部跨界数据

系统类型	典型系统	数据结构	数据特点	实时性
跨产业链数据	相关行业、法规、地理、市场、环境标准和政府等数据	非结构化	数据相对静止,变化较小,定期更新	批量导入
产业链数据	原材料、生产设备、供应商、用户和合作商数据	非结构化	数据相对静止,变化较小,定期更新	批量导入

3.1.3 工业大数据的采集

数据采集是获取有效数据的重要途径,可为工业大数据分析和应用提供基础保障。数据采集以传感器为主要工具,结合 RFID 读写器、条码扫描器、生产和监测设备、人机交互、智能终端等采集制造领域的多源、异构数据信息,并通过互联网或现场总线等技术实现原始数据的实时准确传输。因此,数据采集技术需要解决多源异构数据的采集问题,在精细化采集场景下,要支持无损全时采集,同时满足故障容错和高可靠性要求;在自动完成数据实时处理场景下,需要支持数据类型和格式校验、异常数据分类隔离等。目前,工业大数据采用的技术分为单点采集技术和组合采集技术。

1. 单点采集技术

单点采集技术在机械制造及相关领域应用比较广泛,可以理解为数据采集装置与感应装置(如数控机床、测量仪、各类传感器等)建立单通道的连接,并将感应设备中产生的某项数据采集出来,对其进行处理、传输和保存等操作。工业大数据的单点采集与汇聚技术的架构可分为感应层、采集层、存储层、应用层,每一层分工明确,互不干扰,以保障数据采集与汇聚的稳定和高效(见图3-1)。

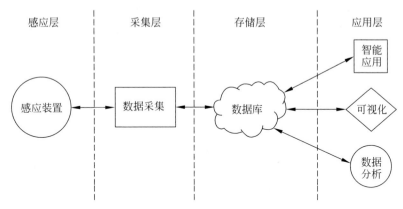

图3-1 单点采集技术架构

(1) 感应层,主要包括车间中的各种设备,如数控机床、检测设备、各类传感器等,是数据的产生源。

(2) 采集层,用户可通过自身的需求自行定义数据项和采样频率,采集装置根据配置从感应层获取相应的数据,并上传至存储层。

(3) 存储层,将上传上来的数据进行缓存和持久化等操作,并且向应用层提供所需要的数据。

(4) 应用层,通过获取存储层的数据,并对其进行分析和应用,挖掘海量数据中的价值,实现工厂智能化。

单点采集技术是工业大数据采集的基础,得到了广泛应用,但是在实际应用过程中也暴露出以下局限性:

(1) 数据无关联性。单点采集技术主要强调的是对单个数据项的采集,难以在数据项之间建立关联关系。但是对于工业大数据后期的分析和应用来说,关联性是一个至关重要的数据指标,几乎所有的自动化、智能化建立在此基础之上。

(2) 数据的采样周期长。单点采集技术在采集多个通道的数据时,是以轮询的方式进行采集,使得总体的采样周期较长,从而造成数据密度低,难以适应一些高密度采集场合。

2. 组合采集技术

基于指令域的组合采集技术,以指令为自变量来描述信号的特征,能够建立工业设备状态数据与运行数据两者之间的映射关系,有效地弥补了单点采集技术无法定量、唯一地描述工业设备实际所执行的复杂工作任务的问题(见图3-2)。组合采集技术包括以下四大模块:

(1) 采集属性配置模块。该模块向用户提供采集属性配置接口,满足用户的个性化配置采集需求。用户根据自身需求配置采集信息,形成"配置文件",并发送文件至数据采集模块。

(2)数据采集模块。数据采集模块读取配置文件中采集的参数配置信息,根据配置信息设备进行数据采集,并对数据进行组合操作形成组合数据,单次组合应设置阈值以避免组合量过大而影响数据操作效率。

(3)数据库。此模块对组合后的数据进行缓存操作。

(4)云端存储系统。此模块对数据库中的组合数据进行持久化存储。

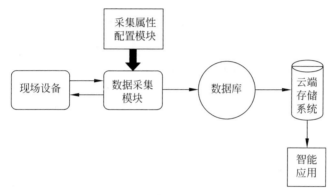

图 3-2　组合采集技术方案

通过组合数据分析,能够完整地描述工作任务、制造资源等状态数据与运行数据之间的映射关系,通过对这些数据的深入分析能够提供诸如性能资产优化等一系列制造服务,如数控加工工艺参数优化、机床及工艺系统的健康保障等智能化应用。

3.1.4　工业大数据分析

工业大数据分析是利用统计学分析技术、机器学习技术、信号处理技术等手段,结合业务知识对工业过程中产生的数据进行处理、计算、分析并提取其中有价值的信息、规律的过程。大数据分析工作应本着需求牵引、技术驱动的原则开展。工业大数据具有实时性高、数据量大、密度低、数据源异构性强等特点,这导致工业大数据的分析不同于其他领域的大数据分析,通用的数据分析技术往往不能解决特定工业场景的业务问题。

1. 工业大数据分析技术

工业大数据分析技术需要符合工业数据的强机理、低质量和高效率要求。在强机理业务分析时,分析技术需要具备机理模型的融合机制、计算模式融合和与领域专家经验知识融合的能力;在低质量数据分析处理时,工业大数据分析的软测量技术能够建立指标之间的关联关系模型,以易测量的过程量推断难测量的过程量,在高效率处理方面,分析处理技术需要支持底层数据结构设计、基础分析算法和建模过程。同时,针对工业过程对工业分析模型的高精度、高可靠性和强因果性,工业大数据的分析需要融合工业机理模型,以"数据驱动＋机理驱动"的双驱动模式进行,从而建立高精度、高可靠性的模型,以真正解决实际的工业问题。下面对时序模式分析技术、工业知识图谱技术、多源数据融合分析技术三种典型的工业大数据分析技术进行介绍。

(1) 时序模式分析技术。伴随着工业技术的发展,工业企业的生产加工设备、动力能源设备、运输交通设备、信息保障设备、运维管控设备上都加装了大量的传感器,如温度传感器、振动传感器、压力传感器、位移传感器、重量传感器等。这些传感器在不断地产生海量的时序数据,提供了设备的温度、压力、位移、速度、湿度、光线、气体等信息。对这些设备传感器时序数据进行分析,可实现对设备的故障预警和诊断、利用率分析、能耗优化、生产监控等。但传感器数据的很多重要信息隐藏在时序模式结构中,只有挖掘出数据背后的结构模式,才能构建一个效果稳定的数据模型。工业时序数据的时间序列类算法主要包括时间序列预测算法、时间序列的异常变动模式检测算法、时间序列的分解算法、时间序列的频繁模式挖掘算法、时间序列的切片算法、时间序列的分类算法等。

(2) 工业知识图谱技术。知识图谱也称知识域可视化或知识领域映射地图,是显示知识发展进程与结构关系的一系列不同的图形,用可视化技术描述知识资源及其载体,挖掘分析、构建、绘制和显示知识及它们之间的相互联系。工业生产过程中会积累大量的日志文本,如维修工单、工艺流程文件、故障记录等,此类非结构化数据中蕴含着丰富的专家经验,工业知识图谱技术利用文本分析技术实现事件实体和类型提取、事件线索提取,通过专家知识的沉淀实现故障排除知识库、运维检修知识库、设备操作知识库等专家知识库。针对文本类的非结构化数据,分词算法、关键词提取算法、词向量转换算法、词性标注算法、主题模型算法等成熟的通用文本挖掘算法已广泛应用于数据分析领域。基于知识图谱技术构建的工业知识图谱,将知识图谱与结构化数据图语义融合,实现了灵活查询和简单推理。

(3) 多源数据融合分析技术。工业数据包括来自不同数据源的结构化和非结构化数据。不同数据源的数据质量和可信度差异造成不同业务场景下的表征能力不同,需要多源数据融合技术。针对多源数据分析的技术包括统计分析算法、深度学习算法、回归算法、分类算法、聚类算法、关联规则等。根据具体数据的分析需求,可选择不同算法对不同数据源的独立分析,或者通过多个分析结果的统计决策或人工辅助决策,可实现多源融合分析。

2. 工业大数据分析类型

业务目标不同,所需要的条件、对数据分析的要求和难度就不一样。根据业务目标的不同,工业互联网大数据分析可以分为以下四种类型:

(1) 描述型分析,主要回答"发生了什么",一般通过计算数据的各种统计特征,把各种数据以便于人们理解的可视化方式表达出来。工业企业总的周报、月报、商务智能(BI)分析等,就是典型的描述型分析。

(2) 诊断型分析,用来回答"为什么发生"。针对生产、销售、管理、设备运行等过程中出现的问题和异常,找出问题的所在,诊断型分析的关键是剔除非本质的随机关联和各种假象。

(3) 预测型分析,用来回答"将要发生什么"。指使用基于统计学方法或机器学习方法构建预测模型,基于预测模型识别预期行为或结果,如容量需求和使用预测、物料和能耗预测,以及组件和系统的磨损和故障预测。

(4) 处方型(指导型)分析,用来回答"怎么办"。将预测分析的结果用作指导以进行推荐操作更改,从而优化流程并避免故障和相关的停机时间。

描述型分析的目标只是便于人们理解;诊断型分析有明确的目标和对错;预测型分析不仅有明确的目标和对错,还要区分因果和相关关系;而处方型(指导型)分析往往要进一步与实施手段和流程的创新相结合。

3. 数据可视化

数据分析完成之后,通过可视化方式呈现。数据可视化是关于数据视觉表现形式的科学技术研究,这种视觉表现形式被定义为以某种概要的形式提炼出来的信息,包括各种信息单位的各种属性及变量。数据可视化是一个不断变化的概念,其边界在不断地扩大,所包含的内容和方法也在不断增加。随着计算机科学的高速发展,数据可视化使用的技术方法越来越高级,这些技术方法允许用户利用图形、图像处理、计算机视觉及用户界面,通过表达、建模及对立体、表面、属性动画的显示,对数据加以可视化解释。

传统的可视化大致分为探索性可视化和解释性可视化,按照应用划分,可视化有多个目标:一是将数据的重要特征以图形化的方式呈现给使用者;二是揭示客观规律;三是辅助理解事物的概念和过程;四是对模拟和测量进行质量监控;五是提高科研开发效率;六是促进沟通交流和合作。

目前很多平台提供拖曳式的交互新体验,降低数据可视化开发门槛,以解决过去报表和分析高度依赖开发人员,从而引发需求响应时效性差的问题,实现了报表开发提速,数据分析和取数自助服务化。例如,拖曳式零代码报表开发过程,支持多种图表类型,可以快速构建精美的仪表盘,让数据呈现视角更加丰富,数据内容更加直观。

如图 3-3 所示,各种各样的图表,可以满足不同的分析需求,服务不同的业务场景,下面介绍几种典型的图表:

(1) 饼状图,可以显示一个数据系列中各项的大小与各项总和的比例,图中的数据点显示为整个饼状图的百分比。

(2) 柱状图,又称长条图、条状图、棒形图,是一种以长方形的长度为变量的统计图表。

(3) 折线图,其数据是递增还是递减、增减的速率、增减的规律(周期性、螺旋性等)、峰值等特征都可以清晰地反映出来。当有多组相关数据在同一幅图中时，也可用来分析多组数据随时间变化的相互作用和相互影响。

(4) 散点图，指在回归或者聚类分析中，数据点在直角坐标系平面上的分布、点表示因变量随自变量而变化的大致趋势。

(5) 热力图，是数据可视化项目中比较常用的显示方式。通过颜色变化的程度可以直观反映出热点分布、区域聚集等数据信息。

(6) 雷达图，也称为网络图、蜘蛛图、星图、蜘蛛网图、不规则多边形图、极坐标图或 Kiviat 图，是以从同一点开始的轴上表示的大于或等于三个定量变量的二维图表的形式显示多变量数据的图形方法。轴的相对位置和角度通常是无信息的，它相当于平行坐标图，轴径向排列。

(7) 箱形图，又称为盒须图、盒式图或箱线图，是一种用作显示一组数据分散情况的统计图。因形状如箱子而得名。在各领域也经常被使用，常见于品质管理领域。它主要用于反映原始数据分布的特征，还可以进行多组数据分布特征的比较。箱形图的绘制方法是：先找出一组数据的上边缘、下边缘、中位数和两个四分位数，然后连接两个四分位数画出箱体，再将上边缘和下边缘与箱体相连接，中位数在箱体中间。

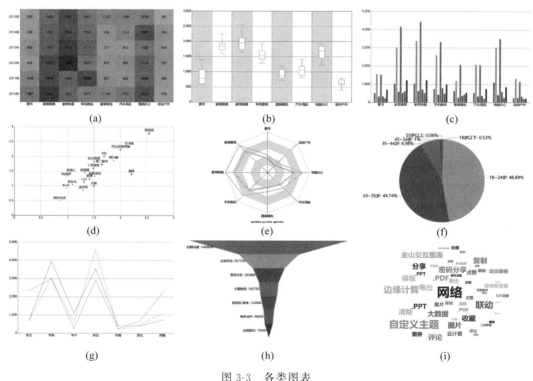

图 3-3　各类图表

(a) 热力图样例；(b) 箱形图样例；(c) 柱状图样例；(d) 散点图样例；(e) 雷达图样例；(f) 饼状图样例；
(g) 折线图样例；(h) 漏斗图样例；(i) 标签云图样例

3.1.5 工业大数据的存储与管理

工业大数据存储技术是针对工业大数据的多样性、多模态、高通量和强关联等特性而实现的工业数据持久化，即数据落表。采集的数据可以直接落表，也可以先经过预处理再落表，无论哪种情况，都是为了落表之后，后端系统可以通过元数据、索引、查询推理等进行高效且便捷的数据读取，从而实现多源异构数据的一体化管理。目前，用于实现工业大数据存储和管理的技术可以分为数据存储、多源异构数据管理和多模态数据集成等。

1. 数据存储

工业大数据的存储离不开数据库，其本质是将数据以文件的形式存放到磁盘上。关系型数据库，如 MySQL、Oracle、SQLServer、PostgreSQL、DB2 等的应用无所不在。关系型数据库是建立在关系模型基础上的数据库，是由二维表及其之间的联系所组成的一个数据组织。二维表的结构非常贴近实际，很容易理解，数据就存储在表格的行和列中。通过结构化查询语言（SQL），可以非常方便地操作关系型数据库，也可进行单个表或多个表之间的复杂查询。

索引是对数据库表中的一列或者多列数据进行排序的一种结构，使用索引可以快速访问数据库表中的特定信息，其主要目的是加快检索表中数据的速度。关系型数据库针对表的查询和更新操作通常是根据索引进行的，随机存取类的操作很多，随机 I/O 也很多。但受限于硬盘的 I/O 性能，关系型数据库的高并发读写性能低，处理海量数据时的操作效率低，于是 NoSQL 数据库应运而生。

NoSQL 数据库严格说来不是一种数据库，而是一种数据结构化存储方法的集合，可以是文档或者键值对等。NoSQL 数据库的结构不固定，每条记录的键可以不一样，而关系型数据库中每条记录的字段组成都是一样的，并为每条记录分配所有字段，不考虑该条记录是否需要，从而造成空间浪费。由于约束少，所以 NoSQL 数据库的性能高。但同时 NoSQL 数据库无法支持复杂的 SQL 查询，不适合存储过于复杂的数据。表 3-4 展示了几种常见的 NoSQL 数据库。

表 3-4 NoSQL 数据库分类

类　　型	特　　点	代　　表
键值数据库	由 Key 查询 Value，Value 无结构化	Redis、Memcached
文档数据库	与 Key-Value 类似，但 Value 为结构化数据；Value 为 JSON 结构的文档；接近关系型数据库，有机会对字段建立索引	MongoDB、CouchDB
列族数据库	按列存储数据；针对列查询有大优势（查找速度快、复杂度低）；分布式扩展能力强	HBase、Bigtable

工业互联网平台接入的数据规模大、类型多，需要支持多种类型数据的存储，

数据存储的实现应满足多样化方式以适应各种存储分析场景的需求,除了关系型数据库和 NoSQL 数据库,其他存储形式见表 3-5。

表 3-5 存储分类

类 型	典型介质	适用场景
海量低成本存储	对象存储、云盘	海量历史数据的归档和备份
分布式文件系统	HDFS、Hive	海量数据的离线分析
数据仓库	MPP、Cassandra	报表综合分析、多维随机分析
时序数据库	InfluxDB、Kdb+、RRDtool	各类报表文档,适用于简单的对点查询及交互查询
内存数据库	Redis、Memcached、Ignite	数据量不大且需要快速实时查询
图数据库	Neo4j	分析关联关系及其具有明显点/边分析
文本数据索引	Solr、Elasticsearch	文本/全文检索

2. 多源异构数据管理技术

接入工业互联网平台的数据常是多源异构数据,它们的数据源不同、数据结构或类型不同,难以直接使用,大规模多源异构数据管理技术的重要性随之涌现。多源异构数据管理需要突破的是针对不同类型数据的存储与查询技术,并在充分考虑多源异构数据的来源和结构随着时间推移不断增加与变化的特定情况下,研究如何形成可扩展的一体化管理系统。多源异构数据管理需要从系统的角度针对工业领域涉及的数据在不同阶段、不同流程呈现多种模态(关系、图、键值、时序、非结构化)的特点,研制不同的数据管理引擎,致力于对多源异构数据进行高效采集、存储和管理,还需要提供基于 SQL 标准的数据查询接口,以满足功能性和易用性需求。

3. 多模态数据的集成技术

以人的感官为例,多模态包括视觉看到的模态、听觉听到的模态及触觉感觉到的模态等,每个模态都可以表示人的感知。多个模态可以相互组合起来形成完整的人体模态感知。在数据领域,多模态用来表示不同形态的数据形式,或者同种形态不同的格式,一般表示成文本、图片、音频、视频、混合数据。在工业场景中存在着结构化业务数据、时序化设备监测数据、非结构化工程数据等大量多源异构数据,需要高效的存储管理方法、异构的存储引擎,并能够透明访问集成后数据源。面对非结构化工程数据灵活组织、查询、批量分析、建模,时间序列数据与结构化数据跨库连接分析等需求,多模态数据集成技术在多模态数据集成模型的基础上,根据物料、设备及其关联关系,按照分析、管理的业务语义,实现了多模态数据查询接口的一体化管理、协同优化和多维分析。

3.2 云计算技术

云计算是并行计算、分布式计算和网格计算的进一步发展,指的是通过网络"云"将巨大的数据计算处理程序分解成无数个小程序,然后通过多台服务器组成的系统处理和分析这些小程序,以得到结果并将其返回给用户。现阶段的云计算经过不断进步,已经不单单是一种分布式计算,而是分布式计算、并行计算、负载均衡、网络存储、热备份冗杂和虚拟化等计算机技术混合演进并跃升的结果。

云计算和工业互联网平台层紧密相关,它主要提供两部分支持:一部分是通过资源虚拟化方式为工业互联网平台提供 IaaS 云基础设施,包括服务器、存储、网络等,是工业互联网平台的基础;另一部分是提供通用 PaaS 基础服务,提供工业数据管理和分析服务、工业微服务组件库和应用开发环境,是工业互联网平台的核心。如今云计算越来越普及,在软、硬件技术日趋成熟及极佳的商业模式双重因素的驱动下,主流工业互联网平台逐渐围绕云计算构建并支持多种云部署。

3.2.1 云计算服务模式

云计算有三种基本服务模式,分别是基础设施即服务(infrastructure as a service,IaaS)、平台即服务(platform as a service,PaaS)、软件即服务(software as a service,SaaS),如图 3-4 所示。每种云计算服务模式都通过一定程度的资源抽象,降低了用户构建和部署应用的复杂性。

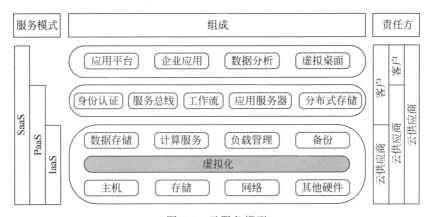

图 3-4 云服务模型

IaaS 交付模型是一种自我包含的 IT 环境,由以基础设施为中心的 IT 资源组成,可以通过基于云服务的接口和工具访问和管理这些资源。这个环境可以包括硬件、网络、连通性、操作系统及其他基础 IT 资源。与传统的托管或外包环境相比,在 IaaS 中 IT 资源通常是虚拟化的并打包,这样一来,在运行时扩展和定制基础设施就变得简单了。IaaS 环境一般允许云用户对其资源配置和使用进行更高层次的控制。IaaS 提供的 IT 资源通常是未配置好的,管理的责任直接落在云用户身上。因此,对创建的基于云的环境需要有更高控制权的用户使用这种模型。

PaaS 对资源的抽象层次更进一步,它提供用户应用程序的运行环境,能部署消费者使用供应商支持的编程语言和工具来创建或获取的应用。PaaS 自身负责资源的动态扩展和容错管理,用户不必管理或控制基础云架构,包括网络、服务器、操作系统或存储。但与此同时,用户的自主权降低,必须使用特定的编程环境并遵照特定的编程模型。用户可以控制已部署的应用程序及可能的应用托管环境配置。这些服务包括:会话管理,设备集成,沙箱,仪器和测试,内容管理,知识管理,通用描述、发现和集成(universal description, discovery and integration, UDDI)。

SaaS 的针对性更强,它将某些特定应用软件功能封装成服务。大量客户使用诸如网络浏览器之类的瘦客户接口(如基于浏览器的电子邮件)来访问这些应用提供的服务。这些服务的用户不用管理或控制包括网络、服务器、操作系统、存储甚至某些个人应用在内的基础云架构,当然部分用户特定的应用配置除外。

随着云计算的深化发展,不同的云计算解决方案之间相互渗透融合,同一种产品往往横跨两种以上类型,并且出现了许多这三种基本云交付模型的变种,每种都是由不同的 IT 资源组合构成的,如存储即服务(storage as a service)、数据库即服务(database as a service)、安全即服务(security as a service)等。

3.2.2 云部署模型

云部署模型表示的是某种特定的云环境类型,主要以所有权、大小和访问方式来区别。常见的云部署模型有公有云、私有云、社区云和混合云,具体见表 3-6。

表 3-6 常见的云部署模型

云部署模型	公有云	私有云	社区云	混合云
所有者	服务提供商	企业	社区	企业
可靠性	一般	很高	很高	比较高
可拓展性	很高	有限	有限	很高
成本	最低	高	有成本效益	有成本效益
安全性	低	最高	中	中

公有云是由第三方云提供者拥有的可公共访问的云环境,面向公众和大型行业组织开放。公有云的云服务提供商可以提供从应用程序、软件运行环境到物理基础设施等各方面的 IT 资源安装、管理、部署和维护。这些基础设施存放在云计算厂商处,用户通过按需付费的方式使用。亚马逊 AWS、微软 Azure、阿里云、华为云和腾讯云等都属于公有云厂商。

虽然公有云部署模型为用户提供了海量资源,但是公有云部署模型存在一定的风险,例如,用户不知道与其共享使用资源的还有哪些用户,以及具体的资源底层如何实现,也无法控制物理基础设施。因此,云服务提供商必须保证所提供资源的安全性和可靠性等非功能性需求,这些非功能性服务的质量同时决定了云服务提供商的服务级别。

相比较而言,私有云可以解决公有云所面临的部分问题,例如,面对数据隐私和监管问题,用户能够在服务中断时主动采取补救措施。另外,私有云的用户完全拥有整个云中心设施,可以控制哪些程序在哪里运行,并且可以决定哪些用户使用云服务。因此,私有云的使用会改变组织和信任边界的定义和应用。

私有云环境的实际管理可以由内部或者外部人员来实施,由此可分为本地私有云和托管私有云。由企业自行搭建、运营、提供给企业内部不同业务部门使用的私有云称为本地私有云。从业务视角看,本地私有云与传统数据中心没有区别,只是在构建时采用了云计算的栈技术。托管私有云的基础设施由云计算厂商提供,这些资源是用户独占的。因此,私有云虽然降低了在数据所有权和隐私方面的风险,但是它也失去了云计算最大的特点——弹性。

为了避免公有云和私有云各自的局限性,社区云和混合云应运而生。社区云与公有云类似,它的访问被限制为特定的云用户社区,一般隶属于某个企业集团、机构联盟或行业协会。社区云可以为社区成员或提供具有访问限制的公有云的第三方提供者共同拥有。社区的云用户成员通常共同承担定义和发展社区云的责任,也有可能由其中一家机构进行运维。

混合云是由两个或者更多不同云部署模型组成的云环境。例如,云用户可能会选择把处理敏感数据的云服务部署到私有云上,而将非核心业务部署于公有云。如果核心业务存在周期性的业务高峰,那么就可以进一步将核心业务的功能拆分成更细的颗粒度,将其中的非核心功能剥离出来,部署在公有云上,以减轻私有云的压力。但是云环境中潜在的差异及私有云提供组织和公有云提供者之间在管理的责任上是分离的,混合部署架构的创建和维护可能会很复杂和具有挑战性。

除了上面所讲的云类型外,还存在其他云类型,如消费者云、企业云及行业云等。消费者云的受众为普通大众或者个人,因此也称为大众云,此种云针对的是个人的存储和文档管理需求;企业云则面向企业,针对的是企业的全面 IT 服务;行业云是针对云的用途来说的,如果云平台是针对某个行业定制的,则称为行业云。这些云的分类在本质上仍是上述四种云类型的分割或组合。例如,行业云可以在公有云上构建,也可以是私有云,还可以是社区云。

3.2.3 微服务技术

"微"从狭义上来讲就是体积小、架构小;所谓"服务"就是一个或者一组相对较小且独立的功能单元,是用户可以感知到的最小功能集。微服务架构通常被认为是面向服务架构(SOA)的最终产物,目前已成为应用程序云端化的一种流行的架构模式。一般来说,面向服务架构将耦合的系统划分为多个松耦合的服务,并引入服务这一重要概念,从而形成一种粗粒度、松耦合的服务架构体系。进一步地,微服务架构强调系统按业务边界进行更细粒度的拆分,将复杂应用划分成小颗粒度、轻量级的自治服务,并围绕微服务开展服务的开发和服务的治理。与传统的面向服务体系架构的实施方案相比,微服务体系架构除了提供服务注册与发现、服务组合等基本组件外,还加入了负载均衡、服务网关和服务容错等。

1. 服务注册与发现

服务启动时会将自身的服务信息(服务所在主机 IP、服务的端口号 Port、暴露服务协议等)提交到注册中心,该过程称为服务注册。服务发现即通过注册中心,获取注册到其中的服务实例的信息,通过这些信息去请求它们提供的服务。运行过程中,服务实例可能随时被销毁、复制或者重新定位,而服务发现机制有利于服务之间感知彼此的存在。服务注册中心是服务发现的核心,必须具有高可用性和实时更新功能,否则会导致新服务无法上线或服务无法调用。

2. 负载均衡

为了保证服务具有高可用性,微服务常部署多个服务实例来提供业务支持。当请求面对同一服务的多个实例时,就需要根据负载均衡算法自动地选择将要调用的实例。在微服务架构中,负载均衡可以分为客户端负载均衡与服务端负载均衡,服务端的软件模块维护一个可用的服务端清单,客户端节点也需要维护本身所访问的服务端清单,而这份服务端清单由服务注册中心提供。可以根据不同的业务场景选择不同的负载均衡策略,如轮询策略、随机策略、响应时间权重策略、最少并发数策略、重试策略、可用性敏感策略及区域性敏感策略。

3. 服务网关

服务网关也称为 API 网关,作为微服务架构中的重要组件,其关键思想是将轻量级网关作为所有客户端的主要入口点,并在网关级别实现常见的非功能需求。服务网关的基本功能有服务路由、安全认证、流量控制、日志监控和熔断保护等。目前,Netflix 公司开发的 Nefix Zuul 是较通用的服务网关组件,其主要作用是协调客户端与微服务的中间层,并提供权限验证、压力测试、负载分配、审查监控等较为全面的服务网关功能。

4. 服务容错

在微服务体系结构中调用集群服务时,若单个微服务调用异常,产生如连接超时、请求失败、流量突增或负载过高等问题,则需要进行服务容错处理,防止服务瘫痪。若服务产生超时异常,可采用超时重试机制,通过设置服务请求超时响应时间或者服务的响应时间和次数,进而决定是否采用超时重试机制。除此之外,还有服务降级、服务限流、服务隔离和服务熔断机制。服务熔断会记录和监测服务执行情况,当服务出现问题时,切断该服务与系统的联系,牺牲局部,保全全局;服务降级是在服务不可用时(如熔断后),提供一个低级服务返回信息;服务隔离则是使服务之间相互隔离,防止出现雪崩效应(服务多级调用时,一个服务拥堵,从而导致多级服务拥堵);服务限流是以限制服务的最大访问量或者访问速率的方式对服务进行容错处理,通过前三种手段,即可达到服务的限流。

3.2.4 云边协同

边缘计算将网络、计算、存储、应用、智能五类资源汇聚到网络边缘侧,在靠近物或数据源头的网络边缘侧,就近提供边缘智能服务,是连接虚拟空间和物理空间的纽带,被视为工业互联网的关键基石之一。边缘计算的提出主要是为了解决集中式计算模式在实时性、带宽、能耗、隐私安全和数据保护等方面存在的不足。边缘计算与云计算相结合,将云端服务扩展到边缘端,即边云协同。目前,行业对于云边协同仍处于探索阶段,已陆续取得了一些阶段性成果,但还未形成行业共识和标准。

在工业互联网领域,边缘计算主要解决网络孤岛、数据孤岛和业务孤岛问题,并支撑柔性制造。以智能化生产、个性化定制、网络化协同和服务化延伸为代表的典型工业互联网应用对边缘计算具有明显的需求。同时,工业领域也为边缘计算的落地提供了良好的产业环境和基础。边缘计算对工业互联网的价值体现主要包括以下几点:

(1) 提供完善的连接配置和管理能力。
(2) 提供数据汇聚及处理决策能力。
(3) 提供边缘侧的建模工具及智能工具。
(4) 实现工业软件开发的软、硬件解耦。
(5) 提供生产效率优化能力。
(6) 提供信息数据防护能力。
(7) 为数字孪生系统提供支撑。

图 3-5 所示为边缘计算的参考架构。整个架构划分为终端层、边缘层和云端层。边缘节点处于中间位置,起到承上启下的连接作用,向下通过多种协议支持各种设备接入,并提供边缘数据处理、子设备管理功能及运行边缘应用。向上接受云端对边缘节点的集中管理,即边缘节点注册、边缘节点应用软件部署及对部署的相关服务的支撑。同时,云端可以通过边缘节点实现对终端设备的管理。

边缘层包括边缘管理器和边缘节点两个主要部分。边缘管理器是对边缘节点进行统一管理的一套软件。边缘节点管理的基本流程是注册及纳管边缘节点、开发应用并制作镜像、部署应用。在边缘侧可以采用容器技术(如 Docker)配合云端实现纳管。边缘节点是承载边缘计算业务的硬件实体。边缘节点主要包括边缘网关、边缘控制器、边缘云和边缘传感器等。

云边协同是边缘计算的核心发展方向之一。边缘计算向云反馈信息,侧重实

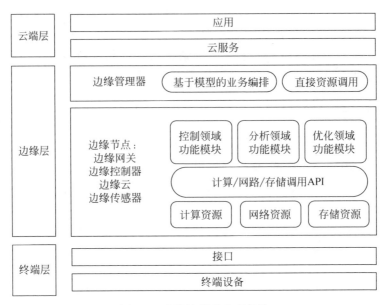

图 3-5 边缘计算的参考架构

时、短周期数据分析,支撑本地业务的实时智能化处理与执行。云计算向边缘发布指令,聚焦非实时、长周期数据的大数据分析,在周期性维护、业务决策支持等领域优势明显。云边协同涉及 IaaS、PaaS、SaaS 各层面的全面协同。在 IaaS 层,边缘与云端可实现对网络、虚拟化资源、安全等的资源协同;在 PaaS 层,边缘与云端可实现数据协同、智能协同、应用管理协同、业务管理协同;在 SaaS 层,边缘与云端可实现服务协同。以数据协调为例,在处理一些通用数据时,可由云端创建数据清洗规则和模板,并下发到边缘节点,如数据过滤、数据去重、数据聚合。而边缘节点提供计算、存储、网络等基础设施资源,接收并执行云端的数据处理策略,在本地实现数据处理。

3.3 数字孪生技术

随着技术的发展,人们提出了希望数字虚拟空间中的虚拟事物与物理实体空间中的实体事物之间具有可以连接的通道、可以相互传输数据和指令的交互关系之后,数字孪生的概念便应运而生。数字孪生技术是以数字化方式创建物理实体的虚拟模型,借助数据模拟物理实体在现实环境中的行为,通过虚实交互反馈、数据融合分析、决策迭代优化等手段,为物理实体增加或扩展新的能力。数字孪生技术可以通过接收来自物理对象的数据而实时演化,从而与物理对象在全生命周期保持一致。作为智能制造中的一个基本要素,可以应用于产品的整个生命周期,以提高产品设计的准确性、降低产品成本、提高用户体验等。

3.3.1 数字孪生模型

"数字孪生之父"Grieves教授最早提出了数字孪生三维模型,即物理实体、虚拟实体及两者之间的连接。随着理论技术的不断拓展与应用需求的持续升级,数字孪生面临一系列新趋势、新需求,如应用领域扩展需求、与新IT技术深度融合需求、信息物理融合数据需求、智能服务需求、普适工业互联需求、动态多维多时空尺度模型需求。为了适应新趋势与新需求,排除数字孪生应用过程中遇到的障碍,我国学者对原有的三维模型进行了扩展,增加了孪生数据和服务维度两个维度,提出了数字孪生五维模型。数字孪生五维模型包括物理实体、虚拟实体、孪生数据、连接和服务,如图3-6所示。

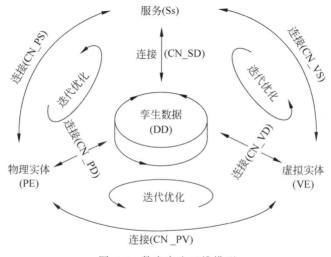

图3-6 数字孪生五维模型

物理实体是数字孪生五维模型的构成基础,对物理实体的准确分析和有效维护是建立数字孪生模型的前提条件,可以从感知接入、决策执行和边缘端协作等方面描述物理实体的属性和功能。

虚拟实体是物理实体在数字空间真实、客观、完整的映射,是孪生数据的载体。对虚拟实体的描述和刻画需要满足多时间尺度和多空间尺度的要求,包括几何模型、物理模型、行为模型和规则模型。

孪生数据是数字孪生的核心驱动力,集成融合了信息数据和物理数据,满足信息空间和物理空间的一致性和同步性需求,能够提供更加全面、准确的全流程、全业务数据支持,具体包含物理实体、虚拟实体、服务产生的状态数据、控制数据、衍化数据、知识数据、仿真数据、管理数据等。

连接实现了物理实体、虚拟实体、孪生数据和服务之间的互联互通,从而支持虚实实时互联与融合,主要包括以下六个方面:

(1) 物理实体与孪生数据之间的连接,主要利用各种传感器、嵌入式系统等对物理实体数据进行实时采集,在协议转换后传输到孪生数据;孪生数据中经处理后的数据或指令可反馈给物理实体。

(2) 物理实体与虚拟实体之间的连接,采集物理实体的数据到虚拟实体,更新校正数字模型;虚拟实体的仿真分析数据转化为控制指令下达至物理实体。

(3) 物理实体与服务之间的连接,采集物理实体的实时数据传输至服务,对服务进行更新和优化;服务产生的决策优化、专业分析、执行策略等结果通过人机界面提供给用户,依托人工操作实现对物理实体的控制。

(4) 虚拟实体与孪生数据之间的连接,虚拟实体产生的仿真等数据存储到孪生数据中,同时虚拟实体也读取孪生数据的融合数据、关联数据、生命周期数据等持续进行动态仿真。

(5) 虚拟实体与服务之间的连接,实现两者之间的双向通信,主要完成指令传递、数据收发和消息同步等。

(6) 服务与孪生数据之间的连接,服务数据可以实时存储到孪生数据,同时,服务也可以读取孪生数据中的历史数据、规则数据和知识数据(算法及模型)等,以支撑服务的运行与优化。

3.3.2 物理建模

数字孪生体的本质是通过数字化和模型化,用信息换能量,以更少的能量消除各种物理实体特别是复杂系统的不确定性。所以,建立物理实体的数字化模型或信息建模技术是创建数字孪生体、实现数字孪生的源头和核心技术,也是"数化"阶段的核心。目前,物理建模主要分为基于机理模型建模、基于数据模型建模、基于仿真模型建模三种。

基于机理模型建模是根据系统的机理(如物理或化学的变化规律)建立系统模型。其优点是参数具有非常明确的物理意义,模型参数易于调整,所得的模型具有很强的适应性。但是对于某些难以写出数学表达式,或者表达式中的某些系数还难以确定的对象,模型不适用。基于机理模型建模往往需要大量的参数,数据量和数据精确度将影响到模型的效果。

基于数据模型建模的步骤一般为五步:选择模型、训练模型、评估模型、应用模型、优化模型。通常情况下,构建模型的这五个步骤并不是单向的,而是一个循环的过程。当发现模型不佳时,就需要优化,则有可能回到最开始的地方重新思考。即使模型可用,也需要定期对模型进行维护和优化,以便让模型继续适用于新的业务场景。

基于仿真模型建模是将包含了确定性规律和完整机理的模型转化成软件的方式来模拟物理世界的一种技术。只要模型正确,并拥有了完整的输入信息和环境数据,就可以基本正确地反映物理世界的特性和参数。仿真模型是被仿真对象的相似物或其结构形式,它可以是物理模型或数学模型,但并不是所有对象都能建立物理模型。

3.3.3 数字孪生与建模仿真的区别

要建立物理实体的数字孪生体,首先需要建立实体对应的数字化模型,将实体的机械、生产线、电气控制对象等进行数字化建模,进而在此基础上运行更为完整的系统。因此,数字孪生是基于建模仿真技术的,但是和建模仿真技术又有着显著的不同,具体表现在以下两点:

1. 数字孪生强调物理实体与虚拟数字实体间的动态交互性

传统意义上的建模和仿真软件往往采用离线方式,在"静态"意义上对具有明确物理对象的模型进行建模,并赋予这些物理对象变化以获得最优的参数,例如,对其进行各种工况、参数变化下的测试验证等,所以其主要功能是"观测"物理对象的物理特性,并不存在优化的空间。

数字孪生强调物理实体与虚拟数字实体间的"动态"交互性,是在线的,具有一定的实时性需求,需要解决双向交互问题。一方面,数字孪生需要解决来自物理实体的数据采集和数据传输问题,即基于传感器的交互问题,通常被称为"北向数据"的集成问题。另一方面,在数字实体中获得的知识、判断和决策等优化信息也需要交给物理对象进行执行,称为"南向数据"的集成和交互问题。数字孪生通过物理实体与虚拟数字实体间的实时动态交互实现系统的整体优化。

2. 数字孪生是面向系统全生命周期的

传统建模和仿真软件因为是离线仿真,通常应用于早期验证,例如,在机器开发阶段进行虚拟测试;而数字孪生是面向系统整个生命周期的,包括设计、制造、维护等多个阶段。再如,除了在设计阶段进行测试验证,依托数字孪生的动态交互性和基于数据驱动的建模方式,系统在生产制造环节也可以进行测试,从而形成持续改善,包括对生产阶段的换型进行测试验证、对生产过程中产线存在的材料消耗、生产周期与节拍影响效率的因素、能源消耗等进行实时动态分析和优化等。

3.3.4 工业互联网与数字孪生

1. 工业互联网为数字孪生提供平台

数字孪生依赖于诸多新技术的发展和高度集成及跨学科知识的综合应用,是一个复杂的、协同的系统工程,涉及的关键技术方法包括建模、大数据分析、机器学习、模拟仿真等。自从工业互联网出现以来,网络的联通效用使得各个数字孪生设备在资产管理、产品生命周期管理和制造流程管理中开始发生关联并相互补充。工业互联网平台激活了数字孪生的生命,随着制造业的不断发展,数字孪生尽管尚未成为主流,却成为每一个数字化企业都要关注的技术。数字孪生的核心是模型和数据,但虚拟模型创建和数据分析需要专业的知识,对于不具备相关知识的人

工业数字孪生白皮书(2021)

员,构建和使用数字孪生任重道远。工业互联网可以解决以上问题,通过平台实现数据分析外包、模型共享等业务。具体来说,物理实体的各种数据收集、交换,都要借助工业互联网来实现,利用平台所具有的资源聚合、动态配置、需求对接等优势,整合并利用各类资源,赋能数字孪生。

2. 数字孪生促进工业互联网

数字孪生作为边缘侧技术,可以有效连接设备层和网络层,成为工业互联网平台的知识萃取工具,不断将工业系统的碎片化知识传输到工业互联网平台。不同成熟度的数字孪生体,将不同颗粒度的工业知识重新集成整合,通过工业 App 进行调用。数字孪生是工业互联网平台的重要场景。在产品的设计阶段,数字孪生可以提高设计的准确性,并验证产品在真实环境中的性能。在产品的制造阶段,数字孪生可以缩短产品导入的时间,提高产品设计的质量,降低产品的生产成本和提高产品的交付速度。数字孪生提供了系统的方法、技术和工具来描述复杂的物理和逻辑环境,并可以进行有效的监视、诊断、预测以及指导物理和逻辑实体的活动。

3.4 平台安全技术

工业互联网打破了传统工业相对封闭可信的环境,也将信息技术体系中的安全风险逐步引入工业体系,信息系统与工业系统安全边界的日渐模糊导致攻击面不断加大。工业互联网安全与工控安全相比,呈现以下特点:安全防护对象扩大,兼顾企业内部和外部资源,安全和场景更丰富,连接范围更广,工业现场与互联网的连通导致威胁延伸至物理世界,网络安全和生产安全交织,安全事件危害更严重。

3.4.1 工业互联网平台威胁分析

工业互联网平台作为工业互联网体系的核心,既是各类工业数据与资源的载体,也是安全攻击的重要目标。相比传统云平台,工业互联网平台具有跨行业、跨企业的特点,安全边界难以界定,连接协议差异性和复杂度大,覆盖设备范围广、数量大,安全隐患和风险威胁大。目前,工业互联网平台面临的安全风险主要包括:

(1) 数据丢失、泄露或篡改。工业互联网平台中存储着大量的企业敏感数据,敏感数据的丢失、泄露或篡改可能造成重大的经济损失甚至危害国家安全。该风险主要涉及平台接入、平台运行和平台退出三个阶段。在平台接入阶段,数据面临侦听、拦截、篡改、丢失等风险。在平台运行阶段,数据主要面临存储安全风险。在平台退出阶段,以数据泄露与备份的安全风险为主。

(2) 账户劫持。攻击者利用软件漏洞或钓鱼攻击的手段,劫持账户登录会话,仿冒合法用户获取工业平台访问权限,盗取平台资源。

(3) API 安全风险。API 接口在为操作人员带来便利的同时,也容易被攻击者利用,成为攻击云平台的突破口。

(4) 平台漏洞。由于工业平台上的业务系统共用平台的基础资源,攻击者可以利用平台漏洞投入较低的成本,一次性攻破多个业务系统。

(5) 非法设备接入。工业互联网平台涉及大量工业智能设备的接入,攻击者可利用工业智能设备的安全缺陷获取其控制权限,使其沦为傀儡,成为渗透进入平台的突破口,如果平台缺乏完善的安全接入防护,平台安全将直接受到威胁。

(6) 恶意内部人员威胁。内部人员利用其已经掌握的资源进行系统破解、数据盗取、病毒传播等。恶意内部人员包括对企业不满或情绪不平衡的离职员工等。

(7) APT攻击。工业互联网平台常涉及国家关键行业,容易遭受敌对组织发起的APT攻击,常用的APT攻击手段有跨站脚本、木马后门、SQL注入、钓鱼、僵尸网络等。

3.4.2　工业互联网平台安全需求与防护

工业互联网平台在整个工业互联网产业中起着承上启下的作用,上承应用生态,下接终端设备,是实现全产业链、全价值链协同的桥梁和纽带。其安全需求可分为边缘层、工业IaaS层、工业PaaS层和工业SaaS层四个维度,每个维度所面临的风险不同。

工业互联网安全白皮书

边缘层安全风险包括数据被侦听、拦截、伪造、篡改、丢失等。边缘设备计算资源有限,安全算力不足,从而导致安全防护能力不足,攻击者可利用边缘终端设备的漏洞发起平台入侵或大规模网络攻击。国际电信联盟电信标准化部门(ITU-T)的X.805标准建议,工业互联网边缘层体系结构中的端到端信息安全服务框架应该包括三个功能组件:通信安全服务、信息安全服务和安全事件监测与响应。应用程序服务之间的信息交换应该受到保护,特别包括基于通信方的身份、属性、角色或能力的访问控制,还应包括认证、授权和审计服务。还必须保护应用程序服务之间的信息交换,应该使用强大的加密功能确保交换信息的机密性和完整性,以及通信双方身份的真实性。与传统计算机系统的类似服务不同,边缘计算系统中的安全事件监测和响应操作很少涉及人工干预,主要依赖自动异常检测、机器间通信和自主响应,所以需要安全事件监测和响应服务来持续监视边缘计算节点,以检测功能和操作异常并启动适当的响应。

工业互联网边缘计算安全白皮书(2020)

2022年中国工业互联网安全态势报告

工业IaaS安全主要指云基础设施的安全,涉及主机物理安全、物理网络安全、虚拟化系统安全、虚拟化网络安全、虚拟化管理安全、工业存储安全等方面。攻击者的攻击方式包括虚拟机逃逸、跨虚拟机信道攻击、镜像篡改等。当平台企业使用第三方云基础设施提供商的IaaS服务时,还存在数据安全责任边界不清晰等风险。针对工业IaaS安全问题,主要从服务器安全、存储安全、网络安全和虚拟化安全等方面采取安全措施。可以组合使用加密算法、数字证书和IPSec、SSL、TLS、HTTPS保护传输过程,还可以使用虚拟机自省技术(VMI)加强虚拟化安全,正确配置 IDS/IPS 类设备、防火墙、抗 DDos 设备也很重要。

工业 PaaS 为客户提供了一个工业知识显性化、模型化、开放化的开发使能环境，其组成包括通用 PaaS 平台、应用开发工具、微服务组件、数据分析平台等。攻击者对通用 PaaS 平台可采取病毒、木马攻击，对应用开发工具和微服务组件发起漏洞攻击，对数据分析平台采取入侵攻击窃取数据。这些攻击可能导致平台瘫痪、服务中断、功能异常、数据丢失和隐私泄露等后果，威胁平台的安全。工业 PaaS 主要从数据分析服务、微服务组件和平台应用开发环境等角度部署安全方案，具体措施包括身份鉴别、访问控制、安全审计资源控制、信息保护、恶意代码防范、上线前检测等。

工业 SaaS 安全主要是工业互联网平台应用安全和服务安全。工业 SaaS 的安全风险主要包括工业 App 漏洞、API 通信安全、开发者恶意代码植入、操作系统安全导致的应用脆弱性等方面。其安全防护涵盖业务应用安全、工业 App 安全等方面。工业 App 的安全防护核心是漏洞的检测与预防，而漏洞的预防则可以从全生命周期的安全软件开发（SDLC）的角度展开，在应用程序生命周期的早期集成安全性。此外，还应加强应用程序来源管理，保证应用程序及补丁来源可靠，同时应采取数据备份等措施，防止应用程序配置文件、控制指令等重要文件丢失。

工业互联网平台涉及设备、工厂、人、产品的全方位连接，因此工业互联网平台安全建设必须从综合安全防护体系的视角进行统筹规划。从工业互联网平台的整体架构来看，应该在各个层面实施相应的安全防护措施，并通过入侵检测、边界防护、协议分析、行为分析、安全审计、容灾备份、态势感知等各种安全技术与安全管理相结合的方式实现工业互联网的安全防护。

参考文献

[1] 曾衍瀚,顾钊铨,曹忠,等.从零开始掌握工业互联网：理论篇[M].北京：人民邮电出版社,2022.
[2] 张忠平,刘廉如.工业互联网导论[M].北京：科学出版社,2021.
[3] 余辉,梁镇涛,鄢宇晨.多来源多模态数据融合与集成研究进展[J].情报理论与实践,2020,43(11)：169.
[4] 兰昆.工业互联网信息安全技术[M].北京：电子工业出版社,2021.
[5] 胡典钢.工业物联网：平台架构、关键技术与应用实践[M].北京：机械工业出版社,2022.
[6] 华为技术有限公司.云计算技术[M].北京：人民邮电出版社,2021.
[7] ERL T,MAHMOOD Z,PUTTINI R.云计算：概念、技术与架构[M].英文版.北京：机械工业出版社,2016.
[8] HWANG K,FOX G,DONGARRA J.云计算与分布式系统：从并行处理到物联网[M].英文版.北京：机械工业出版社,2013.
[9] 田春华,李闯,刘家扬,等.工业大数据分析实践[M].北京：电子工业出版社,2021.
[10] 刘海平.工业大数据技术[M].北京：人民邮电出版社,2021.
[11] 刘怀兰,惠恩明.工业大数据导论[M].北京：机械工业出版社,2019.

第4章

工业互联网平台实例

4.1 国内外主流工业互联网平台介绍

如第 1 章所述,工业互联网平台作为工业互联网的核心要素和关键组成,已成为全球工业领军企业抢占数据源头、主导行业发展的重要布局领域。各国工业头部企业基于已有技术沉淀,纷纷推出各自领域的工业互联网平台。目前,工业互联网平台已成为制造业绿色化、服务化、高端化、智能化转型升级的重要支撑。

4.1.1 Predix:通用公司开放软件平台

1. 平台简介

2013 年,通用电气公司(GE)为了适应数字时代的发展模式并继续保持自己的领先地位,通过整合自身能力和业务转型经验,打造了 GE Predix 工业互联网平台,计划成为工业互联网领域的领头羊。Predix 平台主要面向风电、汽车、水、石油和天然气、制造、医疗保健、配电、运输、航空、智能环境、发电等行业的调度物流、连接的产品、智能环境、现场要素管理、产业分析、资产效能管理和运营优化等应用场景,为企业实现技术和业务转型提供支撑,包括利用创新的应用将数据转换为可操作性的执行,提供快速开发创建、安全部署和应用运行的整套环境。

Predix 平台官方网站

Predix 平台是一个面向工业互联网的 PaaS 平台,使用了分布式计算、大数据分析、资产数据管理、M2M 通信、人工智能和机器学习等技术。该平台可以帮助企业安全地将机器和数据与人连接,针对资产和业务进行软件创新,将在云端开发、部署和运维工业程序,并集成到企业的内部 IT 系统中;还可以自动识别设备的模式和趋势,提高预测的准确性和效率;并提供了强大的数据分析和预测功能,帮助企业发现潜在的问题和机会,并做出明智的决策,有助于提高运用效率、防止意外宕机、增加资产产出等。同时,它也是一个开放式平台,支持多种开发工具和编程语言,可以和业界其他合作伙伴进行"互操作",将各种工业资产设备和供应商相互连接并接入云端,同时提供资产性能管理(APM)和运营优化服务。

2. 平台架构

Predix平台架构共分为三层,分别是边缘层、云平台层和应用服务层,如图4-1所示。

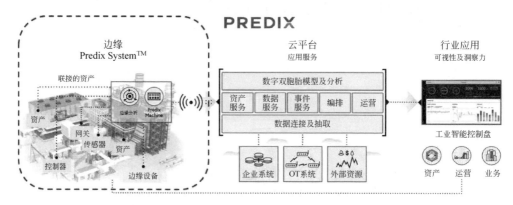

图4-1 Predix平台架构

边缘层主要负责向云端输送采集的数据,包括Predix Machine、Predix Connect和Predix边缘管理器,负责对工厂或现场边缘设备的装置、数据和应用程序逻辑进行统一、可靠的管理,并连接至云服务器。Predix Machine是一种能嵌入工业控制系统或网络中的软件栈,能够实现配置、管理、数据采集、边缘分析和监控等功能,其嵌入方式主要有三种。

(1)部署在网关。对于支持通用工业通信合同(如modbus、opc等)或TCP/IP等IT通信合同的设备,Predix Machine可以通过设备自身所支持的合同直接与设备进行通信,在这种应用场景中,Predix Machine往往部署在网关上,而网关则起到设备与云之间的通信连接作用。

(2)部署在控制器。Predix Machine直接部署在设备的控制单元中,可以削弱机器软件与硬件之间的联系,提高兼容性,实现远程访问和升级,使独立运营或在单独网络中运营的工业设备可以直接连接到云端,完成数据采集与实时分析。

(3)部署在传感器节点。传感器部署在生产现场,采集数据后直接上传至云端,借助云端强大的计算能力完成数据处理操作。

Predix Connect主要通过各种通信方式接入网络,在Predix边缘网关、控制器设备和Predix云之间提供泛在、无缝、安全的端到端通信。Predix边缘管理器则负责对运行了Predix Machine软件的边缘设备进行集中的状态可视化。

平台层主要负责提供基于全球范畴的云基础架构,利用Cloud Foundry的微服务架构帮助应用开发者快速完成应用程序的构建、测试和部署,包含Predix Cloud和Predix.io两个核心要素。Predix.io是一个自主服务的门户,开发人员可以通过它访问专门用于工业互联网应用程序的服务,是基于Predix构建的工业应用的起点。Predix Cloud是整个Predix方案的核心,提供了丰富的工业数据采集、分析、建模及工业应用开发能力，消除了工业企业开发时难以扩展和代价昂贵的壁垒。Predix Cloud 的功能构成如图 4-2 所示，主要包括如下部分：

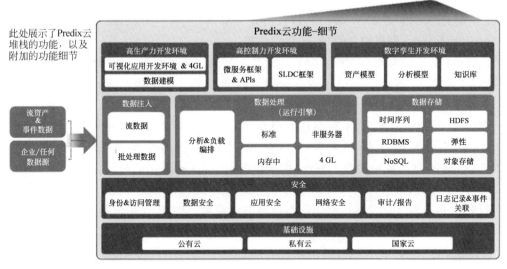

图 4-2　Predix Cloud 的功能构成

（1）安全。Predix Cloud 提供了非常多的安全机制，包括隔离的客户环境、身份管理、数据加密、应用防护、日志和审计、针对云基础设施的风险评估等。

（2）数据总线，包括数据的注入、处理及异构数据的存储等功能，支持流数据和批量数据的导入和处理。

（3）高生产力开发环境，提供包括 Predix Studio 在内的可视化应用开发环境，支持普通开发者使用拖、拉、拽的方式快速构建工业应用。

（4）高控制力开发环境，提供代码级别的开发环境（基于 Cloud Foundry），提供可控程度最高的工业应用开发环境，以及一系列可快速集成的微服务。

（5）数字孪生开发环境，提供快速的建模工具，实现包括设备模型、分析模型及知识库结合的模型开发。

Predix 最强大的地方是基于数字孪生的工业大数据分析，即将物理设备的各种原始状态通过数据采集和存储，反映在虚拟的信息空间中，通过构建设备的全息模型，实现对设备的掌控和预测。针对目前不同行业数据的分析需求，公司可以根据需求自主开发算法和模型，再通过配备、抽象及扩展模型用于管理分析算法的执行。由于近年在航空、能源电力、医疗等行业的经验和数据积累，Predix 平台内部集成了一些针对飞机发动机、医疗数据、能源数据的算法和模型。

应用服务层主要提供工业微服务框架，设计、测试和运行工业互联网程序的环境，各种服务交互的框架，以及微服务市场，包括 Predix Services 和 Predix for Developers。Predix Services 是一组在 Predix Cloud 上可用的服务，用于支持开发人员构建和部署应用程序，包括数据存储、消息传递、通知和分析等服务。Predix for Developers 构建了工业互联网应用程序独特的需求和要求,将工业应用程序的开发与传统的 IT 应用程序区分开,保证工业程序能够在正确的时间,以正确的方式,为正确的用户提供正确的信息。通用电气公司及合作伙伴基于 Predix 平台开发部署了一系列工业 App 应用,涉及筹划和物流、互联产品、智能环境、现场人力管理、工业分析、资产绩效管理、运营优化等。

Predix 平台将安全性嵌入云堆栈的各个层级。这种专业化的方法提供了工业级的安全性,能够对每个层级进行漏洞监控和扫描。其功能包括:加密、密钥管理、事故响应服务、日志管理、网络级安全保护,为代码和数据提供端到端监视报告支持,以及全天候的安全和网络运行中心。

对于所有的应用和微服务,Predix 基础设施团队均遵循一套完整的"DevOpsSec"(开发—运营—安全)流程。作为"DevOpsSec"的一部分,Predix 提供了可用的工具,帮助开发人员创建安全的工作流,适当地处理数据,对应用用户进行评估,并在整个开发的过程中动态地测试应用和 API。这还包括建立基准并在部署前突出显示可能的安全隐患。

通过将"DevOpsSec"与静态和动态的自动测试相结合,Predix 使新代码保持"干净"。Predix 还对新加入开发领域的微服务进行调查,以便监测任何异常或者可疑的行为。这种方法极大地降低了恶意软件进入运行环境的可能性。

3. 应用案例

对于澳洲航空公司来说,燃油的使用效率是至关重要的。自 2015 年开始,该航空公司利用 GE 的 Flight Analytics 软件,已经节约了数百万千克燃油。从 2017 年开始,他们开始为飞行员配备基于 Predix 开发的移动应用 FlightPulse,以便于 1700 多名飞行员获取更细致的飞行数据,做出更精准的燃油使用决策。

美国爱克斯龙电力公司是美国最大的核电公司,采用 GE 的 Predix 平台实现了数字化转型。爱克斯龙电力公司部署了 Predix 的完整套件,应用在全公司的 33GW 核电、混合电力、风电、太阳能和天然气电厂中,并合作开发了很多基于 Predix 的工业 SaaS 应用。

4.1.2 MindSphere:西门子开放工业互联网平台

1. 平台简介

2016 年,西门子公司推出了 MindSphere 系统。这是一种基于云的开放式物联网操作系统,使全球工业能够以经济实惠的方式将自己的机器和实体基础设施轻松快捷地与数字世界衔接起来。MindSphere 系统利用来自几乎任意数量的互联智能设备、企业系统和联合数据源,分析实时操作数据。通过这种分析可以优化流程,提高资源效益和生产效率,开发新型商业模式,并降低运营和维护成本。

MindSphere 提供的服务包括平台服务、网关服务、物联网服务、分析服务、交

MindSphere 平台中文手册

MindSphere 平台官方网站

换服务、运营管理服务和开发人员及合作伙伴服务等。

MindSphere 平台服务分为核心平台服务和高级服务。核心平台服务支持平台上的所有功能,如租户管理、用户管理、身份验证和授权等;高级服务则提供了额外的功能来支持 IIoT 服务、应用程序、数据管理及对第三方 API 的集成支持,包括资产管理和属性管理等。

MindSphere:基于云的开放式物联网操作系统

MindSphere 提供的网关服务包括 API 网关、API 管理、服务发现和应用程序注册服务。这些服务受 Web 应用程序防火墙(WAF)及身份验证和授权服务保护。网关服务还定义作用域,作用域与指派给用户的角色相关联。通过这种机制,API 网关可以为服务用户提供访问控制。如果服务中有更细粒度的访问权限,则网关服务将进一步管理细粒度访问控制。

物联网服务为工业物联网时序数据提供摄取、存储和查询功能。这些服务旨在支持从多种类型的设备、代理和连接摄取高吞吐量的数据,以及数据生命周期管理和优化存储实践。默认时序数据存储在 MindSphere 中,在本地开发的时序数据解析器和存储器可通过构建应用程序集成到物联网服务。

分析服务提供多种 API,包括 KPI 计算、异常检测、事件分析、信号计算、信号验证、趋势预测,以此实现各种工厂数据的基本分析。通过 MindSphere 社区的共享市场(MindSphere Store)接口,开发人员借助交换服务能够销售其应用程序或将其提供给客户,并且可以使用访问控制规则为仅供某些组织使用的特定应用程序提供保密服务。

运营管理服务是一个支持 MindSphere 应用程序解决方案及其所有内部开发流程的工具包。它们使用遵循现代 DevOps 原则的持续集成和持续交付(CI/CD)渠道,在整个开发过程中实现完全自动化。

2. 平台架构

为了让 MindSphere 正常运行并提高可用性,西门子公司创建了一个多层联合架构,如图 4-3 所示,包括应用层、开放式 PaaS 层和连接层。

应用层为用户提供基于 Mind App 和行业解决方案的智能应用服务,主要包括设备预防性维护服务、工厂能耗分析服务、资源优化服务等。西门子公司为了开发应用程序,建立了一个由知名独立软件供应商(ISV)组成的经验极其丰富的多元化合作伙伴生态系统。MindSphere 应用程序集聚了西门子公司来自全球各行业的专家及第三方开发人员的智慧。

MindSphere 是一个 PaaS 平台,托管于全球安全可靠的云服务提供商(AWS、微软 Azure、阿里云等)的安全数据中心,为用户提供大数据服务和工业 App 开发服务。大数据服务主要为用户提供分析、存储、共享设备数据的服务,工业 App 开发服务主要为用户提供相应的工业知识、开发工具、开发环境和 App 共享服务。用户可以在开放式 PaaS 层通过分析工厂数据并结合相应的行业知识开发工业 App,并且可以在平台售卖自己的工业应用或者租赁其他的工业应用。

94 | 工业互联网平台

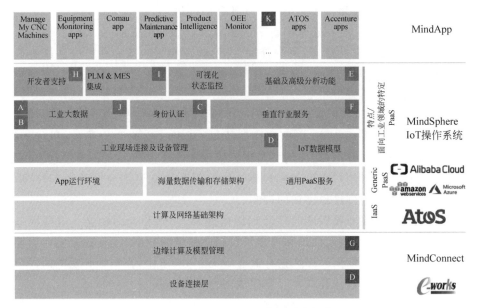

图 4-3　MindSphere 系统的总体架构

MindSphere 所提供的开发环境包括各种各样的 API 和适合通用开发环境的插件（如 IntelliJ 和 Eclipse）。在此环境中，开发人员可在 Cloud Foundry、AWS 和 Azure 上使用支持 Cloud Foundry 的编程语言（如 Java、NodeJS、Python、PHP、.NET、Go 和 Ruby），实现应用程序开发并降低开发成本。基于本机基础设施提供商的应用程序（如 AWS 和 Azure）能够使用任何可用语言。

除此之外，开发人员还可以通过 MindAccess Developer Plan 使用先进的分析技术和服务，创建强大的 IoT 应用程序，包括用于加快开发流程的数据管理、预测性学习和可视化。开发人员不但可以轻松地开发、注册和验证他们的应用程序，而且可以访问数量还在不断增加的 API 和服务。MindAccess Operator Plan 为运行生产应用程序提供了专用的环境。

对于数据的分析，MindSphere 融合了西门子公司开发的 Sinalytics 分析平台。该平台与 Predix 平台非常类似，整合了远程维护、数据分析及网络安全等技术，还可以对传感器产生的大量数据进行整合、加密传输和分析。但 Sinalytics 分析平台主要用于提高对燃气轮机、风力发电机、列车、楼宇和医疗成像系统的监控能力。除此之外，西门子公司还通过与 IBM 合作，将 Watson Analytics 融合到 MindSphere 中，为 MindSphere 提供了多种分析工具，包括预测分析、规范分析和认知分析。

连接层主要负责采集工业设备的数据，可以通过 MindConnect 将所有物理资产（包括西门子和非西门子资产）、Web 和企业信息技术系统连接到 MindSphere。连接层的主要产品有 MindConnect Nano 和 MindConnect IoT 2040。

MindConnect Nano 实质上是一款嵌入式工控机，通过预先配备的方式与

MindSphere 进行连接通信。MindSphere 平台主要依托 Nano 这一网关型硬件产品，向上与 MindSphere 的云端连接，向下与西门子公司的众多具有以太网通信能力的硬件产品及支持通用协议的其他品牌产品进行通信，完成数据的采集与传播。如果遇到不支持的通信协议，用户可以基于 Nano 中的开源软件自行开发设备通信与数据采集程序。在硬件上支持的接口主要有 USB、PCIe 插槽、串口及以太网口。Nano 扮演的角色类似于云平台和现场设备之间的工业网关，即实现数据采集（涉及建立通信），并向云端加密传播。但 Nano 只能用于 MindSphere 体系中。

MindConnect IoT 2040 这款产品的定位是作为工控设备与物联网的连接器。由于这款产品自身秉承了 SIMATIC 系列产品的工艺设计，保证了其在工业现场恶劣环境下的可靠性，弥补了 Arduino 等物联网开源硬件在工业强度级别上的局限性。

MindSphere 作为连接物理世界和数字世界的纽带，采用最高标准保障信息安全。在通信方面，MindConnect 组件只允许与 MindSphere 平台连接和传输数据。MindConnect 组件与 MindSphere 平台之间的全部通信采用 TLS 1.2 标准进行加密。在数据传输过程中使用安全传输协议 HTTPS，以最高标准建设云数据中心以存储数据，确保端到端的数据安全。

3. 应用案例

AR 等技术如果要在工业应用中广泛使用，需要解决的一个最重要的问题就是数据来源问题，开发众多的工业数据接口将是沉重的负担。针对此问题，西门子成都创新中心 MindSphere 工业云平台实验室研发了基于 MindSphere 的 AR 设备巡检系统。

本案例来源于基于西门子成都创新中心工业云平台的模拟汽车沙盘线。西门子高频采集模块 CMS2000 先对沙盘线中电机振动传感器的数据进行采集，然后西门子边缘处理软件对数据进行边缘处理，处理过的数据再通过西门子硬件 Nano 上载到工业云平台 MindSphere，MindSphere 则充分利用自己的平台资源对振动数据进行分析和处理，并将数据存储在其 IoT Service 中。当工业原始数据和经过分析处理后的数据存到云端后，AR 后端程序通过平台数据服务 API 将数据从 MindSphere 中取出，并将其送入装载有 AR App 的手机、平板或 AR 眼镜中进行功能展示。该系统实现了工业设备数据的虚拟透明化、故障的直观报警、设备的虚拟维护指导，以及设备的预测性维护展示。

4.1.3 根云平台：三一集团树根互联网平台

1. 平台简介

树根互联是三一集团孵化的中国成立最早、连接工业装备最多、服务行业最广泛的工业互联网赋能平台公司。创始团队融合了深厚的工业基因和互联网技术，

树根互联
官方网站

目前拥有长沙树根互联子公司，还在持续扩张。树根互联打造了中国工业互联网赋能平台——根云，致力于为各工业细分行业进行赋能、创新和转型。

树根互联发挥平台商的行业集成能力，围绕云存储物联通信、工业应用软件开发、产业链金融等各个环节拓展战略合作伙伴，与腾讯、华为、联通、用友、久隆保险等一批生态链企业建立了合作关系，共同为客户提供端到端、即插即用的服务，在提升工业企业智能制造水平、提高设备全生命周期效率、引导企业拓展新业务模式等方面成效显著。

2. 平台架构

根云平台的核心针对端侧数据采集难和应用侧数据应用开发成本高两大核心痛点，解决工业制造业数字化转型过程中，从生产设备数据采集到业务应用组件快速开发中遇到的难题，并以此实现兼容性最强、上传/下发双向最可靠、接入成本最低、速度最快的工业设备接入能力，以及建设通用、行业和功能组件库，提供从接入到应用的端到端客户价值的应用组件开发能力。根云平台的组成架构如图4-4所示。

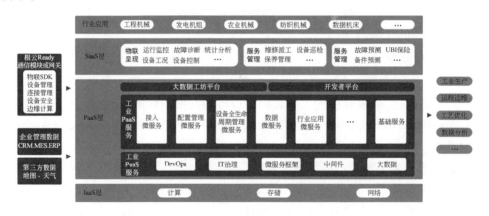

图4-4 根云平台架构

在边缘层，现场工业设备通过边缘网关进行数据连接，然后通过边缘网关上传到云平台，其他系统可以通过MOTT协议将数据直接上传到云平台。根云平台既支持1000多种常见的工业协议，又自行开发协议转换解析模块，具有数据清洗、数据缓存和实时分析功能。针对设备网络断线等情况，提供数据回补等多种异常处理机制，保证数据的完整性，为根云平台用户进行设备诊断、大数据分析提供基础数据保障。设备联网后，通过简单的手动配置工作，即可快速完成设备数据接入上云。通过平台预制的可视化工具，可以快速实现实时数据呈现、趋势对比分析、报警提醒等功能，做到即插即视。

在IaaS层，树根互联覆盖的行业为70个，接入分布全球的30万台设备，活跃用户为50000左右，开发者用户数约2000个，采集近1万个运行参数，存储数据总量为 1300 多 TB，利用云计算和大数据，远程管理庞大设备群的运行状况。

根云平台工业 PaaS 层采用基于 Kubernetes 容器技术及 VM 的混合架构。在服务管理方式方面，采用微服务、API 网关模式，能支撑工业大数据全业务场景功能体系，包括数据集成、数据存储与查询、数据分析、数据挖掘和数据可视。

在数据建模与分析方面，根云平台提供丰富的算子和模型，包括预处理、统计、机理模型（具有装备行业的 11 种机理模型）、机器学习算子与模型，用户还可自定义算子及模型。针对物理世界中的各种设备，根云平台可以通过抽取实物特征对物理世界的实物进行描述与认识，通过多级嵌套模型可以对实际工厂进行完整的建模描述。

在应用开发与集成方面，根云平台为工业应用开发者提供了一体化的低代码开发工具，可管理应用从构思设计到开发部署的全生命周期。还支持跨平台的移动应用开发框架，为开发者提供了可视化的拖、拉、拽 App 开发框架。开发人员只需专注于业务需求，不用关心移动端是 Android 环境还是 iOS 环境，大大提高了应用开发的效率。为支持大规模工业应用的建设，根云平台开放了 300 多个工业领域的 API，为工业应用开发提供了旗舰级能力。

目前，根云工业 SaaS 服务主要聚焦设备后市场服务、资产管理、能耗管理、融资租赁。面向设备制造厂商或设备运营服务商，在设备出厂后提供全生命周期运营管理；面向以设备能源消耗为主的能源用户进行能源管理；面向把设备资产作为生产运营工具的终端用户企业，实现设备资产购入后全生命周期运营管理，并以此延伸到运营企业（特别是制造企业）的生产经营活动管理；面向融资机构、设备出租方、承租方和制造厂商，提供基于设备 IoT 数据的融资租赁管理。

根云平台的工业 App 已基本涵盖了研发设计、生产制造、经营管理、售后服务等整个生产制造流程，总量超过 600 个。除此之外，根云平台还为工业应用开发开放了可自主订阅的实时数据，支持应用开发者从平台订阅。数据覆盖了工业设备的在线离线事件、设备的运行工况、设备异常导致的报警等场景。其中，指标监测预警、设备运行报警、客户服务提醒等消息，可以通过邮件、短信、办公 IM 等方式送达各地业务人员，实现工业场景从事件到人的信息传达。

根云平台尤为重视数据安全，从展示层、数据层、服务层三个方面出发，在十个领域通过综合性的风险防护措施，保证设备、网络、控制、数据和应用安全。采用了安全探针，监控和记录各类应用对关键数据/路径的操作与访问行为，并管控外接设备，全面防范数据泄密。对所采集的危险操作与事件日志实时预警，并从文件系统、数据库、应用层三个方面对关键用户数据加强加密。

3. 应用案例

立晋钢铁作为国内短流程钢铁企业的典型代表，拥有 3 个轧钢车间、2 个炼钢车间和 1 个制氧厂，是国内最大的汽车用轮辋钢生产基地，企业每年在能源方面的花费巨大，其中电能费用占总销售收入的 8% 左右，因此，企业的节能降耗需求较为迫切。

根云工业互联网平台为立晋钢铁打造了智慧能源调度平台，为其提供能源使用情况、能耗分析、能源监视服务。按照企业使用的能源类型，以时间、分类、核算单元等维度统计使用量和成本，并通过各维度统计量和仪表运行情况，计算出同比、环比、用量、成本、尖峰平谷等指标；帮助企业各组织层级合理使用能源，提高能源利用效率。

4.1.4　INDICS：航天云网

1. 平台简介

INDICS 官方网站

中国航天科工集团公司于 2015 年启动中国工业互联网平台 INDICS 的建设。2017 年 6 月，INDICS 平台正式向全球发布，随后逐渐被应用到各大领域，为近百家企业提供了基于云平台的智能工厂整体解决方案。INDICS 为了响应国家的"一带一路"倡议，已开发了英语、俄语、德语、波斯语等多个语言版本，打造了 INDICS 国际云平台，并在德国和伊朗落地，建立了国际工业云生态系统，初步实现了"企业有组织、资源无国界"生产资源的全球配置。

航天云网 INDICS 工业互联网平台是以"云制造"为理论支撑，以工业大数据为驱动，以云计算、大数据、物联网技术为核心的具有自主知识产权的工业互联网开放融通平台。围绕六大业务场景（企业设备和产品服务、研发设计优化、智能生产管控、采购供应协同、企业运营管理、社会化协同制造），构建了分层架构、云架构、微内核融合的分层云——微核心平台架构，借助基于数据驱动的 App 快速开发技术、虚实结合的数字化建模与优化技术、App 云化迁移和改造技术、大数据/人工智能与工业知识相结合的模型构建技术、基于边缘计算的异构资源接入技术、多云架构的统一运行环境技术、面向第三方的平台开放生态技术和基于区块链的自主可控安全技术八大核心技术，支撑平台实现海量多源异构设备接入和管理、异构制造服务接入和协同管理、工业 App 云化部署与运行、工业 App 快速开发与建模、自主可控的网信安全、虚实结合的数字化建模与优化、工业大数据和工业智能服务等功能。通过建设平台应用能力、平台服务能力、云基础设施能力、资源接入能力、安全保障能力，提供数据全生命周期服务的数据架构，服务工业应用开发者和工业企业两类用户。

2. 平台架构

航天云网 INDICS 平台功能架构涵盖边缘层、IaaS 层、PaaS 层和应用层四个层级，如图 4-5 所示。

边缘层负责连接工业设备、应用系统和工业产品，采集数据并上传到云平台。航天云网 INDICS 平台用于连接工业设备的平台叫作"物联网接入工具"，它提供丰富的数据采集协议（OPC UA、MODBUS RTU、MODBUS TCP、S7，并支持

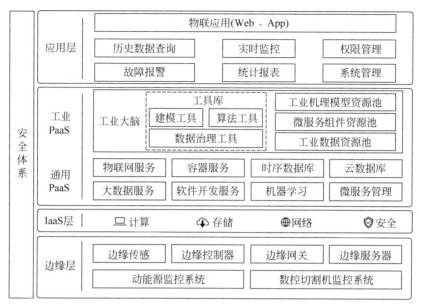

图 4-5　INDICS 平台架构

GPIO 采集模拟量和数字量数据)、强大的协议转换能力和主流数据上传协议(HTTP、HTTPS、MQTT)，可覆盖机械加工、环境试验等 21 类不同工业领域的设备数据采集需求。其主要功能包括设备接入、数据采集 API、认证授权、设备管理、数据分发、数据存储、数据分析等。产品架构如图 4-6 所示。

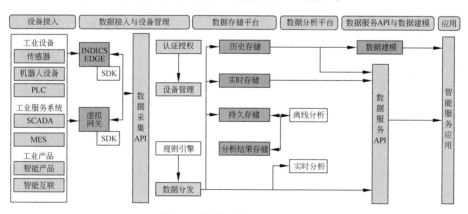

图 4-6　物联网接入工具架构

在工业现场，工业设备、工业服务系统及工业产品通过虚拟网关或 INDICS EDGE 物理网关接入 INDICS。智能网关 INDICS EDGE 是航天云网开发的一款连接 INDICS 云平台的工业互联网网关，提供采集、转换、处理和传输不同厂商品牌的工业设备数据、工厂 OT 组网和通信协议转化等功能模块，可以依托内置的云平台 API 进行数据采集，采集方式包括设备主动上传数据和网关通过轮询方式主动到设备寄存器中读取数据,集成了华为、西门子、研华和固高等第三方解决方案。智能网关 INDICS EDGE 还实现了工业现场的边缘计算和 INDICS 云平台的云计算服务结合应用,可及时处理现场信息,降低数据传输量及占用的网络带宽。

作为大型军工央企的下属企业,航天云网致力于打造自主可控的工业互联网平台。在 IaaS 层,其与国内厂商合作打造一系列自主可控的云基础设施产品和云服务,面向行业提供自主可控的基础架构产品。航天云网为企业桌面及服务器应用提供超级服务器,包括天域系列的数据管理系统、分布式存储、操作系统、虚拟智能化平台、工业防火墙及负载均衡系统等。同时,还为企业提供云服务器及备份、云操作系统、云负载均衡、云防火墙等面向云基础设施的服务。

航天云网 INDICS 平台的 PaaS 层在基础架构选型方面,采用 Cloud Foundry 成熟的开源架构体系,提供了云端应用开发工具、公共服务组件、第三方工业互联网环境产品、应用全生命周期管理产品、运行引擎和 Cloud Foundry 产品;引入了聚类算法、分类算法、回归分析、关联规则、文本分析和深度学习等数据建模和分析算法,具备工业数据处理、建模和分析能力。

在服务管理方式方面,INDICS 平台采用微服务、API 网关模式支持用户敏捷开发和个性化应用的部署。目前,平台具有 20 个设计类微服务组件、1 个仿真类微服务组件、2 个生产类微服务组件、15 个管理类微服务类组件及 12 个服务类微服务组件。其中,API 中心提供 API 托管服务,涵盖 API 注册、发布、管理、监控和运维的全生命周期管理。

在机理模型提供方面,平台具有装备行业机理模型 35 种、汽车行业机理模型 23 种、电子行业机理模型 15 种、冶金行业机理模型 8 种、石化行业机理模型 5 种及轻工行业机理模型 12 种。

航天云网 INDICS 平台云端应用开发工具的核心是"可视化集成开发环境",提供低代码快速开发能力、对现存系统的快速集成能力,以及软件开发、测试、部署、应用全过程的便捷管理功能。拥有丰富的开发组件和功能,这些组件与功能都集成在开发桌面中,通过开发桌面,可以快速启动各类开发组件、查看和管理开发成果、配置和管理前后台服务,调用他人开发成果或发布个人成果,以及通过云协作与其他开发者互动。平台还具备图形化业务流程引擎(BPM),可与各平台组件自动衔接。在流程的驱动下,轻松实现跨组织和跨业务系统的协同工作和成果共享。

在应用层,航天云网应用商店提供丰富的工业应用,这些应用大部分由第三方企业或个人基于 INDICS 平台开发。航天云网 INDICS 平台应用可归为五类:

(1)面向企业系统级应用,如企业大脑、企业驾驶舱、云端业务工作室、云端应用工作室、企业上云服务站等,帮助企业实现业务、各类 App 及工业资源的集成,利用分析工具为企业经营管理层提供云化的指挥、决策、控制等功能。

(2)面向行业的云服务,如模具云服务、3D 打印协同制造云服务、电梯智能监控云服务、电机健康诊断云服务、机器人云服务、家具云服务等。

（3）面向数字化转型的解决方案，即航天云网以INDICS平台为基础，在各行业的探索实践，如仓储物流、运营管理、节能减排、运维服务、研发设计、生产制造等业务场景解决方案。

（4）工业大数据解决方案，包括大数据基础套件、大数据安全、工业互联网微服务及应用加速器，以及工业智能所涉及的知识库管理系统、模型库管理系统、算法库管理系统、语料库管理系统、模型池、训练池，面向的行业包括石油石化、能源电力、汽车生态圈。

（5）智能制造解决方案，面向轻工、汽车、电子、机械等行业提供智能机床，为电液伺服、电子蠕变打造试验机，用于模拟实际工况，分析关键核心加工部件在高低温力学、断裂力学中的性能。

航天云网INDICS平台面向工业环境中的设备、应用、资源与能力提供安全接入和全生命周期安全管理，主要服务包括DDos流量清洗、密钥及证书管理和设备安全管理。其安全解决方案主要包括安全保障体系和安全合规体系，二者共同组成了INDICS云平台的安全防护体系，保证平台的安全可靠。安全保障体系主要包括安全组织、安全流程、安全培训和安全咨询。安全合规体系主要包括等级保护、ALL参考架构、安全系列标准和安全认证。

航天云网还研发了工业互联网安全态势感知系统，该系统以工业网络安全数据、关键基础设施行业数据为基础，通过实时分析和统计海量的日志数据、流量数据、数据包数据等，实现实时感知工业互联网的安全态势，为工业互联网平台中的关键基础设施提供防护措施。

3. 应用案例

贵州航天电器股份有限公司是我国高端连接器、继电器和组件电缆的专业研制、生产骨干企业之一。现有高端电器连接件智能装配工厂存在跨地域资源协作水平低，大量设备、生产过程中的数据未被有效利用，排产准确率低等问题，同时，企业需要应用仿真工具和实时数据远程监控平台，搭建从事前仿真优化、事中监控、事后优化的闭环透明管控模式，虚实结合协同制造需求非常迫切。

针对以上问题，公司与航天云网合作，应用INDICS平台构筑航天电器智能制造样板间线上线下相结合的生产计划、BOM/工艺数据、企业运行数据三条主线，整体构建航天电器基于云平台的智能工厂。借助工业互联网平台INDICS，航天电器产能达到50万件/年，生产效率提高40%以上，运营成本降低21%以上。

4.1.5 Fusion Plant：华为工业互联网平台

1. 平台简介

2015年，华为基于自身在ICT领域30年积累的雄厚技术实力打造了Fusion

Fusion Plant 官方网站

Plant工业互联网平台。Fusion Plant以"云+连接+EI"为核心能力,包含连接管理平台、工业智能体、工业应用平台三大部分,其本质是为企业构建新的数据+知识(工业Know-How)驱动的应用架构提供智能化业务底座,帮助企业充分利用和实现业务的平滑演进。

Fusion Plant依托华为全栈全场景AI、边云协同、云网协同的能力,帮助行业合作伙伴和客户,搭建支撑其业务转型的增量智能化业务底座,使得合作伙伴也可在此之上,构建面向未来的智能化应用和解决方案。目前,Fusion Plant已经发展了400多个工业互联网生态伙伴,分布在生产管理、供应链管理、经营管理、设计仿真和工业智能等领域,落地100多个工业互联网产业云创新中心,面向装备制造、电子信息、金属加工、汽车零配件等50余个产业集群,建立了提升产业利润、加强协同制造的工业互联网平台。

2. 平台架构

Fusion Plant将工业软件SaaS化、行业经验aPaaS化,聚合工业生态和开发者,定位于做企业增量的智能决策系统,实现业务在云上的敏捷开发、边缘可信运行。Fusion Plant工业互联网平台架构如图4-7所示。

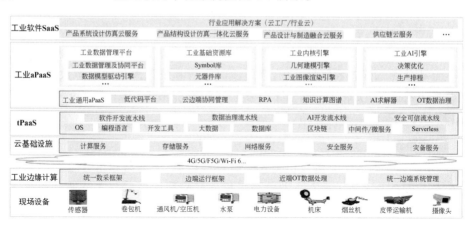

图4-7 Fusion Plant架构

Fusion Plant在边缘层具有数据清洗和实时分析能力。在产品兼容方面,合作伙伴的协议转换器产品和自主开发的IoT平台都支持OPC-UA,AR系列硬件网关支持工业以太网、RS-485、DIDO等硬件接口,软件网关的IoT Agent支持HTTP、MQTT、COAP协议。在边缘数据处理能力方面,边云协同解决方案能将丰富的云端业务能力延伸到边缘节点,实现容器、设备、应用集成、视频业务能力的协同,支撑企业客户快速构建边缘应用。提供包括运行容器、实时计算、Serverless事件处理、机器学习模型预测等能力,联动边缘和云端的数据,满足客户对边缘计算资源的远程管控、数据处理、分析决策、智能化诉求,同时,在云端提供统一的设备/应用监控、日志采集等运维能力。

Fusion Plant 运行自建的私有云,并租用华为公有云,同时具有自建和租用的存储和计算能力,并拥有双线接入大于 1000Mb/s 的宽带为网络服务提供支撑。Fusion Plant 部署时将通过华为 ROMA 数据总线实现与企业存量系统(基于 ISA-95 架构)的无缝集成,将存量系统的数据逐步迁移和实时集成到 Fusion Plant 内部的数据湖中。基于统一的数据湖,企业可以在 Fusion Plant 上构建起新的数字化应用,并根据需要把存量系统的应用逐步搬迁到新架构上。

Fusion Plant 围绕工业数据运营、工业智能、工业应用平台等方面提供关键能力。

工业数据运营提供的数据全生命周期管理、具有智能数据管理能力的一站式治理运营平台,包含数据集成、规范设计、数据开发、数据质量监控、数据资产管理、数据服务等功能,支持行业知识库智能化建设,支持大数据存储、大数据计算分析引擎等数据底座。

人工智能在工业领域的应用中,模型的沉淀、集成与管理成为平台的核心能力,机理模型、数据模型、业务模型快速在平台中沉淀,使平台化的工业个性服务成为可能。工业的一站式人工智能开发平台可以提供工业智能业务的开发、运行工具链,包括项目及应用管理、数据集管理、开发环境管理、算子开发与管理、模型开发与管理、模板开发与管理、推理服务等一系列能力。

工业应用平台聚焦应用和数据连接,提供消息、数据、API、设备集成能力,帮助企业快速、简单地连接云上云下,消除数字鸿沟,构建业务敏捷性,驱动数字化转型。同时,低代码与 DevOps 提升开发效率,降低开发门槛,新兴平台架构和应用开发技术推动工业 App 交付更快、应用更广。目前,华为部署了 54 个工业 App,包括传统应用软件云化后的 App 和基于平台资源开发的 App,面向的应用场景包括研发设计、生产制造、市场营销、经营管理、增值服务、网络互联和系统集成,行业范围覆盖电子、先进装备制造、新能源、家电和汽车。

在安全方面,Fusion Plant 在设备认证、隐私数据加密保护、业务运行的可靠性和可用性、安全启动等多个方面提供全方位保障。通过备份软件客户端加密、数据传输通道加密、存储端加密、数据三重加密,解决云上数据安全的后顾之忧,并借鉴欧洲的 IDS 工业数据交换空间框架逻辑,同时基于自身供应链数据融通的实践,构建主权可控数据交换空间,实现数据交换的可信、可控、可证。

3. 应用案例

华为通过 Fusion Plant 工业互联网平台与行业龙头企业合作,帮助龙头企业打造企业级工业互联网平台,以数据+AI 重构企业的产品生命周期流、生产制造流、商业价值流,从而实现全业务流的数字化重构,增强企业的竞争力。

三联虹普是一家专注于合成纤维及其原料生产技术及装备领域的高新技术企业,公司集工艺技术开发、工程方案提供、主工艺设备制造及技术服务于一体,是国内提供高品质锦纶聚合及纺丝整体技术解决方案的工程公司。在合成纤维生产过程中,数据采集的维度和频度是产品质量的重中之重。随着合成纤维的需求量越来越大,生产企业面临更高的要求,但过去以人力采集的方式能做到分钟级已经很不容易了,现在要达到秒级响应则更加困难。因此,三联虹普迫切需要数字化转型。

针对以上问题,Fusion Plant利用EI工业智能体释放产线的柔性化能力,让纤维生产企业更好地应对下游的个性化需求。基于边缘计算的解决方案有效地提升了纤维质检效率,机器采集的频度可以达到秒级、毫秒级,实现了更实时、更精准、更柔性的控制。经过前期测试,下游需求匹配率提升28.5%,检测效率提升80%。

4.1.6 COSMOPlat:海尔工业互联网平台

1. 平台简介

经过十多年在互联工厂领域的探索,海尔集团于2017年向全球发布了具有中国自主产权的COSMOPlat工业互联网平台。该平台是全球首家引入用户全流程参与体验的工业互联网平台,采用并联协同的互联模式,实现了用户、企业、资源三者间的互联互通与零距离交互,形成了用户与资源、用户与企业、企业与资源间的紧密连接。基于开放的多边共创共赢生态理念,COSMOPlat目前聚集了390多万家供应商,连接了2600多万台智能终端,为42000家企业提供了数据和增值服务。

COSMOPlat以服务海尔集团自身制造工厂的平台为基础,进行重构和扩展,不断提高面向社会化服务的支撑能力,为企业提供全流程的智能制造解决方案。COSMOPlat聚集了大量用户的有效需求,吸引了设计师、模块商、设备商、物流商等资源,形成了强大的用户和资源优势,并且能够根据海尔集团30多年的制造业实践经验,将用户需求小数据与智造大数据沉淀为可复制的机理模型、微服务和工业App,从而提高企业的升级效率。COSMOPlat还具备从标准化、模块化、自动化、信息化及智能化方面进行整套升级的能力,以及产业链整合能力,通过联合企业上下游的设计、智造、服务等资源,形成从定制产品到定制服务的生态能力。

2. 平台架构

COSMOPlat以构建新的工业生态为主要目标,包括互联网工厂的简化、软化和云化,形成以用户为中心的社区经济新产业生态,用户、研发资源、供应商和创客整合形成共创共赢的生态。COSMOPlat平台架构如图4-8所示。

COSMOPlat在边缘层使用"海模智云设备智慧物联平台"连接工业设备,通过智能硬件接入终端、云平台、智慧大屏及大数据分析服务,打造智慧工厂。平台支持新建工厂的工业设备100%接入,老旧工厂改造升级后85%接入,除生产设备外,视频、网络、工装器具及实验室等工厂使用的可通信设备也一并接入,且兼容80%以上市场上常用的硬件及协议,解决了工厂数字化设备联网率低、设备数据无法采集的落后问题。COSMOPlat在边缘数据处理能力方面,主要应用在现场端的

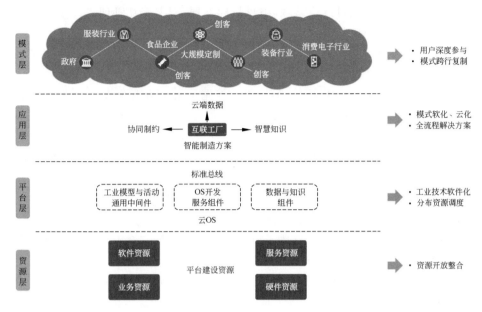

图 4-8 COSMOPlat 平台架构

质量分析上,如噪声检测、视觉检测等。在数据采集解决方案能力方面,已形成完整的解决方案,对于集团级、工厂级、产线级、设备级的应用场景,均有相对应的解决方案及产品。

在 IaaS 层,COSMOPlat 通过公有云、私有云建设,实现数据的存储管理、网络管理、数据库管理、安全管理、异地容灾管理等,其私有存储能力达到 100TB,拥有 3200 核的 CPU 和 25 600GB 的内存,并拥有双线接入大于 50Mb/s 的宽带为网络服务提供支撑。

COSMOPlat 的 PaaS 平台是以工业为中心的云计算新模式,它将 PaaS 平台能力交给开发者,重点围绕开发者构建工业应用开发生态。为开发者提供了 PHP、Python、Java、Ruby、Golang、Scala、Perl 等 12 种开发语言环境,拥有 102 种主流通用算法模型,以及 4 种微服务组件,并构建了通用类、工具类和面向工业场景类的业务功能组件。

在大数据处理和分析方面,所提供的行业机理模型包括装备行业的滚动振动参数与固定螺丝质量关联分析、流水线车间生产调度优化模型等,通用分析算法包括聚类算法、分类算法、回归分析、关联规则、深度学习、异常值检测和优化算法等,并提供数据中台、大数据管理平台和数据管理中心进行数据存储与管理。

在业务功能组件方面,通用类的业务功能组件包含通用邮件短信组件、CI 模块、负载均衡器、监控平台、用户管理模块、单点登录模块、QuickStart 快速开发系统、Mission 周清系统、SkyMach 管理系统等;工具类的业务功能组件包含 3D 模型构建、热力仿真、振动仿真、跌落仿真、工艺建模、设备建模等;面向工业场景类的业务功能组件包含项目过程管理、项目目标管理、需求交互管理等。

在应用层,COSMOPlat 共部署包括云化后的传统应用软件和基于平台资源开发的工业 App 125 个,并通过专栏文章、互动问答、群组、在线教育及开发者平台打造开放协助的应用开发模式,汇聚了大批国内开发者,形成了大量开源项目。

COSMOPlat 平台应用主要分为三类:首先是由个人开发者或合作伙伴企业基于 PaaS 平台开发构建的工业 App,涵盖了研发设计、生产制造、经营管理、数据服务、平台服务和运营服务所有应用类型,有需求的企业可以购买使用;其次是面向具体应用打造的场景解决方案,涵盖的场景包括能耗与排放管理、能源管理、设备管理、物流仓储、企业资产管理、协同采购、质量管理、安全生产等;最后是面向行业需求打造的解决方案,如电子行业质量检测管理、设备制造企业售后远程运维、模具行业智能排产、智慧化工综合管理平台等。

在安全方面,COSMOPlat 打造了海云智造工业网络安全态势感知平台和海安盾平台,为工业企业提供工业网络安全态势感知、安全防护检测、应急响应三大工业网络安全服务,在为自己提供安全保障的同时也可以作为解决方案提供给中小企业使用,实现了业务模式的创新。同时,平台加强与新技术的融合创新,探索提供基于区块链的数据服务,以提升数据安全保障。

3. 应用案例

浙江双箭橡胶股份有限公司是一家专业从事橡胶输送带生产的现代化企业,产品品种规格齐全,单体工厂规模全球第一,是国内橡胶输送带的龙头企业。但双箭公司面临着传统手工抄表效率低和能源浪费隐患无预警的问题。

针对以上问题,COSMOPlat 根据工厂现状提供能源仪表智能化改造方案,实现自动读数,细化能源监管粒度,精确测量设备末端实时能耗数据,杜绝手工抄表错漏率,降低人工成本;提供高效、稳定、专业、开放的能源数据管理平台,实现多级能源监管,帮助企业进行能耗统计计算,分析能耗系统的状况,实现能耗实时监测、提前预警报警和工艺优化。借助 COSMOPlat 平台,双箭公司提高了能源数据的准确性和及时性,并解放了劳动力,实现了降本增效,工厂总体能源消耗降低 5%,产品每米单耗综合降低 2%,整体收入提升 6%,提高了客户的行业竞争力。

4.2 国内外主流工业互联网平台分析

4.2.1 国内外主流工业互联网平台模式

1. 平台体系

平台体系是工业互联网的核心,它将物联网、大数据、人工智能及云计算等理念、架构和技术融入工业生产中;制造业龙头企业、ICT 领先企业、互联网主导企

业基于各自的优势,从不同层面与角度搭建了工业互联网平台。这些企业主要分为四类:

(1) 装备制造企业,如和利时、通用电气、西门子和树根互联等,其平台是经验积累的载体,为创新服务模式提供支撑。

(2) 生产制造企业,如海尔、富士康、航天云网、中船工业,其平台布局策略是将数字化转型经验转化为服务能力,并对外赋能。

(3) 软件企业,如宝信、PTC、用友和东方国信等,其平台是实现能力拓展的手段。

(4) 信息技术企业,如浪潮、阿里巴巴、华为、中国移动等,其平台是向制造业领域延伸的重要途径。

工业互联网的英文名是 industrial internet。industrial,既有工业的意思,也有产业的意思。互联网包括消费互联网和产业互联网。广义的工业互联网平台其实就是产业互联网平台,按照服务对象及应用领域可以分为三类:资产优化平台、资产配置平台及通用使能平台,如图 4-9 所示。

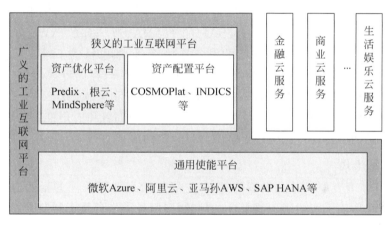

图 4-9 广义的工业互联网平台分类

狭义的工业互联网平台是工业互联网的重要标志和关键组成,它将云计算、物联网、大数据的理念、架构和技术融入工业生产,主要的参与厂商往往是工控企业、大型设备生产商及制造企业。根据服务对象和主攻方向的不同,狭义的工业互联网平台又分为资产优化平台和资产配置平台。

资产优化平台是未来制造业主导权竞争的制高点,主要代表有 GE Predix、西门子 MindSphere、ABB Ability 等,我国三一集团的根云平台和徐工工业云也属于此类平台。资产优化平台主要应用在设备资产的管理与运营方面,它是通过现代传感、移动通信等技术连接智能终端,将海量设备、环境、历史数据汇聚到云端,再利用大数据、人工智能等技术及行业经验知识对设备的运行状态与性能状况进行实时智能分析,最后以工业 App 程序的形式对终端设备和生产过程提供相应的智能化服务。它不仅能够充分融入大数据、人工智能等先进技术，还能为第三方提供开发环境，如西门子的MindSphere及GE的Predix平台都提供软件开发环境及工具，旨在通过第三方开发者和应用程序的接入形成类似Apple Store的第三方开发应用生态。除此之外，根云平台也为工业应用开发者提供了一体化的低代码开发工具。但是此类平台的建设难度较大，不仅需要掌握新一代信息技术，还需要具备智能产品、高端装备及综合解决方案全覆盖的水平。

资源配置平台往往基于已经成熟的网络信息技术，其更加注重资源的跨地域、跨环节重组整合。它在应用过程中汇聚了大量的工业数据、模型算法、研发设计等各类资源及能力，应用云接入及云处理技术分散所积累的资源，对制造企业的资源管理、业务流程、生产过程、供应链管理等环节进行优化，有助于制造企业与外部用户的对接，能够有效促进产能优化及区域协同，同时也能支持C2M定制等新型业务，满足市场多元化需求。我国已拥有一批处于领先水平的此类平台，如航天云网INDICS、海尔COSMOPlat等。此类平台的垂直行业属性较强，对于信息化集成应用及供应链管理水平都有很高的要求。通用使能平台主要由ICT企业提供，涉及云计算、物联网、大数据的基础性、通用性服务。其中部分平台侧重于云服务的数据计算及存储，如微软的Azure、SAP的HANA、亚马孙的AWS及阿里云的supET等，部分平台侧重于物联网的设备连接管理，如思科的Jasper等。这类平台为资产优化及资源配置型工业互联网提供连接、计算、存储等底层技术支撑，如西门子MindSphere和GE Predix均与亚马孙AWS和微软Azure两家云服务商达成合作协议，租用公有云方式成为工业互联网平台部署和应用推广的可行选择。此外，通用使能平台还广泛应用于金融、娱乐、生活服务等行业。

2. 应用模式

由于在工业互联网平台发展的过程中，各平台企业所关注的企业应用和侧重点不同，由此形成了智能制造类平台、协同制造服务类平台及云制造服务类平台。

智能制造类平台针对传统制造企业进行智能化改造，构建智能工厂，以生产和运营优化为主要场景，需要收集、存储和分析企业各类设备、生产线及生产运行状态的海量多源异构数据信息。通过远程实时监控与即时调整现场生产状态，实现对生产过程中各类机器设备的动态优化调整乃至整个企业生产运营过程的持续优化。此类平台借助互联网、大数据、人工智能等新兴技术，充分发挥工业设备的工艺潜能，提高资源配置效率和企业生产运营效率，为企业智能制造的实现提供了新型基础设施。这类平台的典型代表有西门子的MindSphere、施耐德的EcoStruxure、PTC ThingWorx及东方国信的Cloudiip等平台。

协同制造服务类平台基于多企业的供应链数据、用户需求数据、产品服务数据进行综合集成与分析，实现面向不同领域的多企业间高效协同、产品全生命周期管理与交付产品感知服务的优化闭环。该类平台以协同生产与服务化延伸为主要场景，支撑产业链上下游企业的协同与集成优化，针对智能制造企业进行网络化改造，从而实现企业间的资源配置优化和商业活动创新，最终形成网络化协同、企业个性化定制及服务化延伸等新服务模型。典型代表有 GE Predix、树根互联根云和海尔 COSMOPlat 等平台。

云制造服务类平台通过汇聚不同行业的企业形成产业生态，进而积累不同类型企业的海量数字资产，利用仿真优化、大数据分析和人工智能等智能分析与处理技术，实现线下泛在智能感知、线上企业间供需智能匹配、多企业间生产运营智能分析与辅助决策及线下与线上相结合的多企业生产运行智能精准调控。该类平台以云端赋能制造应用为主要场景，服务于产业集群与工业体系转型升级。同时，累积并运用行业经验知识，对工业领域不同企业的生产运行状态与性能状况进行实时智能分析，实现产业生态中不同类别企业的云端智能服务，从而实现传统企业的转型升级。航天云网的 INDICS、阿里巴巴的 supET、华为的 Fusion Plant 和富士康的 BEACON 都是这类平台的典型代表。

3. 商业模式

由于工业体系的专业性与复杂性，目前工业互联网平台的商业模式仍然侧重于传统工业方式和面向企业用户，而更加强调面向特定场景的个性化服务的商业价值主要集中在个性化实施，但最终将向通用化能力延伸。因此，不同于消费互联网以电子商务、广告竞价、应用分成等为主流模式，工业互联网平台现阶段将以专业服务、功能订阅为主要的商业模式。

专业服务是当前平台企业主要的赢利手段，基于平台的系统集成是最主要的服务方式。绝大部分与设备管理、能耗优化、质量提升相关的大数据分析平台都以这种方式提供服务。咨询服务也正在成为平台专业服务的重要方式，部分企业依托其平台所集聚的数据，为客户提供分析服务，以指导业务拓展。

功能订阅是现阶段平台赢利的重要补充，有可能成为未来平台商业模式的核心。一方面，IT 资源及工业软件服务已普遍采用订阅服务方式，包括云资源订阅、功能组件订阅、工业 SaaS 订阅。另一方面，围绕资产运维、能耗优化领域的托管服务正在成为工业领域新的订阅方式。

不同类型平台的商业模式各有侧重。连接与边缘计算平台主要提供高价值的专业服务，但部分平台已开始逐步探索订阅模式，采用按模块或按流量的收费方式。云服务平台和通用 PaaS 平台以订阅模式为主，由资源订阅逐步扩展至功能订阅。目前，IaaS 资源订阅已较为普遍，其下一步发展的关键在于如何丰富平台的功能组件，并提供订阅服务。业务 PaaS 平台目前是通过专业服务获利，未来主要开展订阅模式和专业服务，同时兼具交易、金融和分成等多样化赢利模式。业务平台现阶段以定制化交付为主，业务范围受限，未来的业务和商业扩张要求其将业务组件下沉至平台，形成相对通用、可复制的平台服务能力，再通过工业 App 开发商和系统集成商使平台服务向更大的范围扩展。

4.2.2 国内外主流工业互联网平台的共通性与差异性

1. 国内外主流工业互联网平台的共通性

从工业互联网的总体发展情况来看,国内外主流工业互联网平台有以下共通之处:

工业互联网平台产业洞察

(1)工业互联网平台本质上是基于云的开放式物联网操作系统。工业互联网平台都是通过工业互联网直接或者间接地连接物理载体,从而提供差异化的服务,其初衷是以物联网、大数据等技术优化工业设施和机器的运行和维护,提升资产运营绩效。制造企业推出工业互联网平台其实是顺应万物互联发展的趋势,将设备管理和工厂运营作为发力方向,打造设备互联、数据驱动、平台支撑、服务增值的新制造体系。西门子将 MindSphere 定位为基于云的开放式物联网操作系统;GE 主导的工业互联网联盟(IIC)从 2017 年就开始强调"工业物联网"这一概念;海尔于 2017 年创办奥斯物联生态科技有限公司,正式推出 COSMOPlat 平台。

工业互联网平台是工业云平台 2.0 阶段,上云对象从软件上云拓展到设备上云。传统工业云平台强调 CAD/CAE、PDM 等研发设计类工具和 ERP、CRM、SCM 等核心业务系统上云,而工业互联网平台强调生产制造全流程上云、设备上云,比如 Predix 推动航空发动机、燃气轮机、医疗设备上云,MindSphere 推动工厂运营上云,INDICS 的产品服务包括设备上云、产线上云、业务上云。除此之外,ICT 领先企业和互联网主导企业的工业互联网平台大多是以自家云平台为基础,如阿里的 supET、华为的 FusionPlant、腾讯的 WeMake 等。

从平台属性看,工业互联网平台是工业操作系统。Predix、MindSphere 等平台向下为连接各类设备提供统一的接口,实现不同设备之间的互联互通,向上为各种各样的应用软件提供良好的开发、运营环境,承担的角色类似于 Windows、Linux 等操作系统。根云平台的核心是根云工业互联网操作系统,包括操作系统内核、工业大数据引擎、数据智能模型库和应用赋能开发服务四个部分,具备完整的操作系统能力。INDICS 也有自己的 INDICS-OS,它属于开放智能、云边协同的新一代操作系统。

(2)工业互联网平台的技术架构基本趋同,包括边缘层、IaaS 平台、工业 PaaS 平台、工业 SaaS 平台。

边缘层是前提。边缘层将工业设备、智能产品等接入,通过协议转化和边缘计算形成有效的数据采集体系,从而将物理空间的隐形数据在网络空间显性化。GE 推出了部署在现场传感器、控制器和网关的数据采集转换模块 Predix Machine,西门子推出了即插即用的数据接入网关 Nano,航天云网也推出了物联网接入工具,支持多源设备的数据采集和集成。

IaaS 是基础。IaaS 平台通过将基础的计算、网络、存储资源虚拟化,支撑海量工业数据的存储和计算,如 Predix、MindSphere 的 IaaS 平台均采用亚马孙 AWS

和微软 Azure。部分制造企业出于企业知识产权、商业机密保护、业务系统安全等方面的考虑，采用自建云方式，如 supET 以自家的阿里云为基础、INDICS 也有自己的航天云。从全球范围来看，IaaS 基础设施层成熟度较高、技术创新迭代迅速，IaaS 技术应用已呈现良好的发展态势，并形成繁荣的开发者社区和生态。

工业 PaaS 是核心。工业 PaaS 平台向下对接海量工业设备，向上支撑工业智能化应用的快速开发和部署，其建设需要制造业和 ICT 行业在技术、管理商业模式等方面深度融合，是平台技术能力的集中体现，也是当前工业互联网平台竞争的焦点。Predix、MindSphere 和 INDICS 依托通用 PaaS 平台构建的工业 PaaS 平台本质上是一个微服务组件池，面向应用服务开放 API，支持开发者以"搭积木"的形式进行调用。以根云平台为例，其开放了 300 多个工业领域的 API，为工业应用开发提供了旗舰级能力。

工业 SaaS 应用潜力巨大。工业 App 是工业互联网平台的关键，行业用户和第三方开发者通过对微服务组件的调用和封装，开发出面向特定行业、特定场景的工业 App，为企业的研发设计、经营决策、组织管理提供新的工具，也为产业链上下游协同提供新的基础，对工业化与信息化融合、数字世界与物理世界融合具有举足轻重的作用，所以工业软件的丰富程度决定了工业互联网平台的整体竞争力。目前，INDICS、根云平台的工业 App 总量分别达到 572 个和 630 个，已基本涵盖研发设计、生产制造、经营管理、售后服务等整个生产制造流程。supET 则利用阿里云构建的完整交易部署体系，实现工业 App 自由交易与分发。

（3）构建合作伙伴关系和生态系统是平台发展的主要途径。目前还没有一家公司能够独立提供工业互联网平台"云基础设施＋终端连接＋数据分析＋应用服务"等端到端的解决方案。工业互联网平台作为工业互联网产业链中游的核心层级，需要积极与上游硬件设备厂商及下游工业企业加强合作，相互赋能，通过联盟组织、论坛会议等沟通形式，广泛建立合作。

在云基础设施部分，少于 20% 的工业互联网平台企业自建云基础设施，大部分企业租用公有云服务，与现有的云服务厂商合作，共同开展业务。GE、西门子、航天云网等工业类企业通过与平台商、组件商、集成商合作以弥补差距，为客户提供更强大的服务。阿里、腾讯等 ICT 企业在消费互联网平台的运营、市场等方面都已形成较为成熟的模式，可为工业互联网平台的管理运营和商业模式提供更多经验，但在终端连接等底层方面仍需要外力支持。

为了给客户提供完整的解决方案，平台间的合作更加紧密，各类平台分工明确，专注于自己的专长。通过合作不仅能实现平台的灵活部署，如 GE、西门子与微软、亚马孙的合作，不仅能够有效优化基础资源的部署，还能够强化现场数据采集能力，再如航天科工、SAP 与西门子的合作，能够降低设备接入难度，实现更大范围的数据采集。另外，合作也能够提高自身的数据分析能力，如 ABB、西门子与 IBM 的合作，旨在提升自身平台的计算分析能力。因此，依靠各平台的相互协作，打造开放共享的价值网络,成为现阶段工业互联网平台发展的基础。

2. 国内外主流工业互联网平台的差异性

现阶段,中、美、德工业互联网平台在发展中占据主导地位。IaaS 主流服务商集中在中、美两国,亚马孙 AWS、微软、阿里云、腾讯云、华为云等占据了全球主要市场。同时,GE、西门子等信息化水平高的龙头制造企业设备数字化率、联网率具有领先优势,具备更多设备接入基础和更深厚的工业积淀,主导了 PaaS 的建设。因此,下面以美、德工业互联网平台作为国外主流工业互联网平台的代表,分析国内外主流工业互联网平台的差异性。

(1) 中国与美、德在工业基础和工业 know-how 方面差距显著。德国工业积淀深厚,在产品研发、装备和自动化系统、工业控制和工艺流程等领域拥有全球知名的老牌工业企业和隐形冠军中小企业,如西门子公司。美国工业知识经验软件化、平台化能力处于全球领先地位,拥有 IBM、微软、甲骨文等全球软件服务寡头。中国工业化发展历程短,缺乏综合实力较强的龙头企业,工业领域的行业机理、工艺流程、模型方法经验和知识积累不足。但是,国内完整的产业体系带来了巨大的应用需求和发展潜力,为平台快速发展提供了基础。

(2) 中国工业数据采集和分析能力不足。中国在设备数字化、网络化方面与美、德差距较大,在边缘计算层,平台发展所必需的智能感知、自动控制、协议解析、边缘智能模块等一系列基础性产业高度依赖国外,缺乏完整的行业数据采集方案。尤其是中小企业基础薄弱,设备改造和数据采集难度较大。此外,发达国家工业设备产品在全球市场占据主导地位,GE、西门子等龙头企业依托自身产品可采集跨区域、跨行业、跨领域的海量数据。而且美国、德国具有大量资深和初创的数据分析企业,通过合作能帮助平台快速提升能力。但是,我们也应注意到中国市场巨大,一旦解决数据采集等基础环节问题,网络规模效应必然带来后发优势。

(3) 中、美、德在信息基础设施及 ICT 技术能力方面各有所长。中、美在信息基础设施方面相对较强。中国已建成全球最大的 NB-IoT 网络,能有效支撑工业互联网平台建设,促进海量终端接入,拓展应用场景。美国亚马孙、微软、IBM 等在技术、产品和市场规模方面遥遥领先,并且美国在 PaaS 平台底层技术方面具有绝对优势,全球各国工业互联网平台 PaaS 核心架构几乎均采用美国的 Cloud Foundry 和 Docker 等开源技术。美、德具备将核心经验知识固化封装为模块化的微服务组件和工具开发能力,但中国工业 PaaS 刚刚起步,算法库、模型库、知识库等微服务提供能力不足,导致平台在功能完整性、模型组件丰富性等方面发展滞后,处于探索阶段。

(4) 中国工业互联网平台具有全球最旺盛的市场需求和最完备的互联网生态。一方面,美、德将大型企业作为平台的主要用户群体,而中国将工业互联网平台作为大、中、小企业融通发展的新载体,通过平台技术模块化和知识经验软件化,将大企业成熟有效的技术、管理、应用等方面的知识经验快速向中小企业复制推广,降低技术门槛和应用成本,带动其转型升级。另一方面,美国在互联网应用创新、市场规模等领域弱于中国,尚无覆盖全社会的互联网生态体系。德国在互联网平台实践和能力各方面仍处于适应期。

(5) 在应用场景方面,中国工业互联网平台应用呈现出建设投入规模大、创新多元化等特点,而国外聚焦在新产品和新服务的创新方面。在建设投入方面,目前我国在工业企业里开展信息化建设,系统集成是中国大型工业企业非常主流的一种工业互联网应用,涉及多个部门、分(子)公司,呈现出投资大、规模大的特点。例如,江苏井神盐化股份有限公司实现生产车间、生产线、装箱、码垛及气力输送、数字仓储、物流一卡通等自动化系统的综合集成。相对国内的"大投入大建设",国外企业的应用更加贴近业务,选择最适合自己的应用,以小投入获取大效益。再如,New England Biolabs(NEB)通过给存放产品的冰箱加入 IoT 模块,实现对产品使用情况的实时交互。这个简单的应用让客户了解实验材料的库存状况,帮助其加快实验速度,同时,NEB 还可实现供应链优化,推出有针对性的营销策略,并有效规划未来的产品路线图。在创新应用方面,我国企业应用创新、模式创新呈现多元化发展态势,包括按需定制+协同研发设计、协同制造、分享制造+产融合作、创新定价模式+数字化产品及产品与服务,呈现出百花齐放的态势。而国外企业多集中于基于物联网模块开发新产品或新服务,例如,Waterous 推出了行业内第一款在消防车上使用的数字化水泵,该水泵可通过消防车内的可触摸控制面板进行远程操控。通过与平台企业合作,Waterous 缩短了新产品的研发时间,降低了研发成本。

总体来说,国内外主流工业互联网平台总体上呈现以下态势:①IaaS 被寡头垄断,其中,中、美的 IaaS 基础设施能力较强,正从互联网行业向其他行业扩张。②PaaS 以专业性为基础拓展通用性,并逐渐成为平台发展的聚焦点和关键突破口。信息化水平高的制造业龙头企业成为 PaaS 建设的主力军,但领先的 ICT 企业是工业 PaaS 共性关键使能技术的开拓者,基于中国互联网生态优势的国内互联网企业可能会成为工业 PaaS 的另一支主力军。③SaaS 专注专业纵深,正逐步深入制造业细分行业领域。PaaS 的成熟度和能力是 SaaS 发展的基础,只有 PaaS 成熟度和能力大幅提升,SaaS 才有繁荣的可能。受限于工业 PaaS,现阶段的工业 SaaS 仍处于萌芽阶段,各方 SaaS 处于同一起跑线,但是中国拥有良好的互联网生态基础,将激发 SaaS 巨大的应用潜力。

参考文献

[1] 通用电气公司. Predix:工业互联网[R/OL]. (2016-03)[2023-03-20]. http://newsroom.ge.com.cn/sites/newsroom.ge.com.cn/files/Predix 工业互联网白皮书.pdf.

[2] 杨晓鹤. 看懂 GE Predix,就看懂了工业互联网[EB/OL]. (2018-01-20)[2023-03-20].

https://www.iyiou.com/news/2018012064886.

[3] 西门子公司.MindSphere:助力世界工业推动数字化转型[R/OL].(2023-01-30)[2023-03-20].https://www.plm.automation.siemens.com/media/global/zh/Siemens%20MindSphere%20Overview%20ZH%20wp_tcm60-29087.pdf.

[4] 树根互联公司.根云平台产品能力白皮书[R/OL].(2022-08-23)[2023-03-20].https://app.jingsocial.com/microFrontend/material/jsf-material/detail/wU5knxHiHVyounrAZHhpR9?source=new_content_marketing%40FUjzTHV2qKdrXqE5w8Y6Ni%402NL5Y8G2dRbZX56czPTGff.

[5] 新工业网.工业互联网平台选型之根云[EB/OL].(2021-10-11)[2023-03-20].https://baijiahao.baidu.com/s?id=1713226925979604917&wfr=spider&for=pc.

[6] 新工业网.工业互联网平台选型之航天云网INDICS[EB/OL].(2021-10-16)[2023-03-20].https://baijiahao.baidu.com/s?id=1713786552311602537&wfr=spider&for=pc.

[7] 柴旭东.基于INDICS平台的高端电器连接件智能装配工厂[J].自动化博览,2020(4):62-64.

[8] 张忠平,刘廉如.工业互联网导论[M].北京:科学出版社,2021.

[9] 曾衍瀚,顾钊铨,曹忠,等.从零开始掌握工业互联网:理论篇[M].北京:人民邮电出版社,2022.

[10] 王峰.工业互联网平台分类研究[J].电信技术,2017(10):8-11.

[11] 百度文库.智能制造行业深度报告:国外工业互联网三类平台的比较分析及未来发展趋势[EB/OL].https://wenku.baidu.com/view/25adac02677d27284b73f242336c1eb91a373302.html.

[12] 袁晓庆.发展工业互联网平台将成主战场[EB/OL].(2018-03-09)[2023-03-20].http://www.ccidcom.com/gyhlw/20180309/RimcdKpIbtvT49yXy15l8bjfnx50o.html.

[13] 魏毅寅,柴旭东.工业互联网:技术与实践[M].2版.北京:电子工业出版社,2021.

[14] 工业互联网产业联盟.工业互联网平台:新一轮产业竞争制高点[M].北京:人民邮电出版社,2019.

[15] 肖琳琳.国内外工业互联网平台对比研究[J].信息通信技术,2018,12(03):27-31.

[16] 周志勇,赵潇楚,刘合艳,等.国内外工业互联网平台发展现状研究[J].中国仪器仪表,2022,370(01):62-65.

[17] 李颖,尹丽波.虚实之间:工业互联网平台兴起[M].北京:电子工业出版社,2019.

第 5 章

工业互联网平台应用

工业互联网平台是面向制造业数字化、网络化、智能化需求而构建的,基于云平台的海量数据采集、汇聚、分析和服务体系,支持制造资源实现泛在连接、弹性供给、高效配置。智能制造、网络化协同制造和云制造是当前制造业关注和发展的三大重要方向,也是工业互联网平台应用的三个主要方向。

智能制造技术是针对工厂内部生产制造过程的智能化,从关键制造环节和工厂两个层面实现设备、系统和数据的互联互通,以及制造流程与业务的数字化自主管控。网络化协同制造技术主要是解决异地、跨企业的设计、生产、维护和经营管理等产品全生命周期并行协同能力的问题,侧重于利用工业互联网提供的跨企业共享与协作互操作的功能实现产品及其相关过程的异地、跨企业协同的一个制造模式。云制造是具有中国特色的智能制造系统,它融合并发展了智能制造和网络化协同制造,基于泛在网络以按需服务的方式提供虚拟化制造、资源/能力,以多学科虚拟样机工程为基础,实现覆盖制造全产业链和全产品的全生命周期的社会化协同制造。

智能制造、网络化协同制造及云制造是工业互联网应用于制造业的主要形态。其中,智能制造和网络化协同制造是针对生产制造不同的阶段和需求,分别侧重于工厂内部的生产制造过程和跨企业协同。云制造融合发展了智能制造和网络化协同制造,更能够适应未来新型的社会化制造模式和业态的需求。

5.1 网络协同制造

航天、航空、汽车等复杂产品的研制往往涉及跨专业、跨企业、跨地域的协同。网络协同制造技术,是依托网络化环境开展跨专业、企业或地域的协同设计、协同仿真、协同试验、协同生产、协同保障和协同管理等制造全过程活动。因此,在工业互联网背景下,网络化协同制造技术的主要需求是解决异地、跨企业的设计、生产、维护和经营管理等产品全生命周期并行协同的问题,其核心是实现制造活动与过程当中跨专业、跨企业、跨地域制造资源能力的数字化、网络化集成与协同运行。

网络协同制造不仅能帮助企业有效实现设计、制造资源的共享协同和优化配置，还有助于提高企业的快速反应和竞争能力。对于大型企业来说，网络化制造能使其组织结构更加扁平化，得以通过更灵活、更有效率的方式集聚资源，提升竞争力；中小企业则可在网络协同过程中找到与龙头企业合作的机会，充分发挥自身优势。

5.1.1 网络协同制造技术概述

工业互联网背景下，网络化协同的网络环境发生了变化，网络协同制造技术也应结合新的环境特点实现改进与优化。其关键技术主要包括工业互联网环境下的并行工程技术、分布式多学科设计优化技术和多学科虚拟样机建模与仿真技术和基于模型定义的 MBD/MBE/MBSE 技术。

1. 并行工程技术

并行工程是对产品及其相关过程（包括制造过程和支持过程）进行并行、一体化设计的系统方法，是网络化协同制造的系统方法论。工业互联网环境下的并行工程将充分引入云计算、物联网等新兴技术，基于资源整合共享模式，通过工业互联网实现产品制造全生命周期研发过程的集成优化和并行协同，提高用户和 IPT（integrated product team）团队按需捕获各类资源、能力和知识的水平，实现基于工业互联网的产品并行协同研发。基于工业互联网的并行工程涉及的关键技术主要包括：

（1）基于工业互联网的 IPT 技术。通过工业互联网组成跨企业的 IPT 团队，共享与产品研发相关的工具、知识、人才资源，实现企业间异地、异构设计系统的资源共享和无缝集成。及时发布和反馈产品设计信息，使产品研制流程的后端（如制造环节）提前参与设计过程，缩短从设计更改到生产反馈的链路，从而提高设计制造协同效率，支撑设计制造一体化协同工作模式。

（2）CAX/DFX 工具软件网络化集成技术。基于工业互联网实现跨专业、跨企业、跨地域设计工具及环境的无缝集成，让产品研发人员专心于产品本身，通过网络按需使用工具/软件构建产品虚拟样机。在产品研发阶段的早期就可以基于虚拟样机分析产品的功能、性能、人机工效及可靠性，从而最大限度地减少设计失误，提高产品的质量。同时考虑 DFX（design for X），即在设计之初就考虑产品的装配、制造和成本等问题，减少反复设计的次数，加快产品的研发速度。

（3）基于互联网的群体设计技术。通过工业互联网汇聚 IPT 团队群体智慧，集成数据资源、模型资源、知识资源和专家资源，充分利用工业互联网上的高性能计算能力和仿真分析能力，对产品设计结果开展可制造性、人机工效、成本等指标的群体设计、分析与评审，确保研制各环节传递信息的准确性，提高协同工作的智能化水平。

2. 分布式多学科设计优化技术

分布式多学科设计优化技术是一门典型的交叉学科，是复杂产品网络化协同制造水平的重要体现。工业互联网环境下的多学科设计优化技术强调基于工业互联网解决多学科异地、异构设计工具、软件和人员的集成问题，综合考虑不同学科或系统之间的影响，从全局角度进行产品设计优化，以实现复杂产品多学科模型及其研制过程的一体化集成，并探索和利用复杂产品研制中相互作用的协同机制。基于工业互联网的多学科设计优化技术主要涉及分布式多学科设计优化框架和分布式多学科设计优化算法等关键技术。

(1) 分布式多学科设计优化框架技术。基于工业互联网集成和接入复杂系统的专业模型和目标参数，在参数映射和数据关联的基础上，构建分布式多学科模型，开展分布式多学科设计，实现设计过程模型管理、任务流程管理、执行调度、路由选择和分布式设计工具集成等，支撑多学科优化设计问题的分解、集成、运行和求解。

(2) 分布式多学科设计优化算法。充分利用云计算、大数据等先进计算技术，设计分布式的多学科优化算法和计算模型，解决传统多学科优化算法采用本地集中计算导致的优化效率低、协同能力差等问题，满足工业互联网环境中异地、分散、多层级复杂系统的多学科优化需求。

3. 多学科虚拟样机建模与仿真技术

多学科虚拟样机建模与仿真技术用于建立多学科复杂系统仿真模型，为复杂产品研制提供网络化协同仿真试验手段。工业互联网环境下的多学科虚拟样机建模与仿真强调采用工业互联网相关技术提升仿真资源动态共享能力、自组织能力和协同能力，从而更好地实现分布、异构复杂仿真系统的协同与互操作。基于工业互联网的多学科虚拟样机建模与仿真技术主要涉及系统级建模仿真、工业互联网仿真资源管理和仿真环境构建等关键技术。

(1) 系统级建模仿真技术。通过集成模型与试验表达语言、语义翻译程序、应用程序和仿真控制算法，开展多学科虚拟样机系统级建模，建立基于工业互联网的共享仿真运行算法和函数库，构建问题导向型系统级仿真运行框架，实现多学科虚拟样机仿真运行。

(2) 工业互联网仿真资源管理技术。通过对仿真资源的统一建模，实现仿真资源及资源实例的形式化描述，在此基础上通过工业互联网自动聚合调度仿真资源。其中，仿真资源的建模包含资源的运营和运行两个方面，前者是指工业互联网中各个资源的分组情况、所有权、可用性及分配状态，后者描述各类资源的静态配置和动态性能，以及抽象仿真资源在全生命周期过程中的运行状态。

(3) 仿真环境构建技术。基于人工智能技术，根据历史数据推理获取仿真模型运行环境需求，按需组织工业互联网中的仿真资源。通过将计算资源、软件资源、模型资源等动态聚合为仿真系统的自主构建过程模型，运用仿真运行环境动态调整方法解决仿真运行过程中模型行为的不可预测性和后台任务对计算资源的抢占等问题。

4. MBD/MBE/MBSE 技术

MBD(model based definition,基于模型的定义)是一种将产品的所有相关设计定义、工艺描述、属性和管理等信息附着在产品三维模型中的产品数字化定义方法。MBE(model based enterprise,基于模型的企业)是指企业将其在产品全生命周期中所需要的数据、信息和知识进行整理,结合信息系统,建立便于系统集成和应用的产品模型和过程模型,通过模型进行多学科、跨部门、跨企业的产品协同设计、制造和管理。MBSE(model based systems engineering,基于模型的系统工程)是指通过形式化建模方法支持系统工程全生命周期活动的一种基于模型的工程方法论。

MBE 是 MBD 数据源的应用环境。完整的 MBE 能力体系构建,就是以 MBD 模型为统一的"工程语言",按 MBSE 的指导,全面优化梳理企业内外、产品全生命周期业务流程、标准,采用先进的信息化技术,形成一套崭新的、完整的产品研制能力体系。在工业互联网时代,全球化的协作成为主流,使得 MBD/MBE/MBSE 技术焕发出新的生命力。基于工业互联网的 MBD/MBE/MBSE 主要涉及的关键技术包括:

(1)工业互联网数字化定义技术。将传统的数字化定义和工业互联网中的标识解析、物联网等技术相结合,在三维模型中完整准确地表达产品的尺寸、工艺、质量及管理等信息的同时,探索并增加用于工业互联网共享集成的标识信息,实现 MBD 模型在工业互联网上的管理和协同。

(2)基于工业互联网的 MBD/MBE 协同应用技术。以基于 MBD/MBE 技术的三维模型为基础,通过数字化定义技术在一套模型中构建产品设计模型、生产模型、维护模型等并进行关联,使设计的变动能通过工业互联网及时反馈至生产、维护等阶段,实现产品设计与生产工艺、运行维护规程同步,形成设计、制造、维护等产品全生命周期环节一体化集成的研制模式。

(3)基于 AR/VR 的制造过程可视化技术。通过工业互联网中的共享制造信息开展跨区域可视化协同制造,进行基于 AR/VR 的在线协同产品设计和制造过程可视化监控。同时,通过工业互联网将装配工序、加工流程等多维信息直接传递至生产现场,利用 AR/VR 设备指导生产作业过程,实现线上、线下相结合,支撑协同生产。

(4)基于工业互联网络的虚拟工厂技术。在工业物联网的基础上构建与实际工厂中的设备、产线、环境状态一致,生产过程完全对应的虚拟生产环境,生成数字孪生工厂,实现物理制造系统按需柔性重构时的布局仿真、运行时的实时监控与智能诊断,以及基于大数据分析的生产流程仿真优化。

5.1.2 工业互联网平台在网络协同制造中的应用

网络协同制造中的工业互联网平台一般指行业云或企业混合云。这类工业互联网平台可实现制造企业与外部用户需求、创新资源、生产能力的全面对接,推动设计、制造、供应和服务环节的并行组织和协同优化。以行业云为例,平台既支持大企业突破企业边界,实现更大范围的行业资源开放与协同,又支撑中小企业作为产业链的组成部分,更好地融入行业体系中发挥分工协作作用。行业云平台促进资源信息(数据)在行业内部的聚集和共享,打破了行业内信息孤岛、资源分散的局面,通过产业链资源整合,支撑产业链上、下游业务分工协作,减少产业资源浪费,提高行业整体效率。应用于网络协同制造的工业互联网平台的典型应用场景覆盖产业链设计、采购、生产、销售、售后服务等各个环节,通过云平台汇聚的资源和提供的工具为行业内企业间、企业与行业服务机构间、企业与终端用户间建立信息沟通、资源共享、能力协同的便捷渠道,实现行业资源泛在连接、弹性供给和高效配置,提升行业的整体效率。

1. 协同设计

协同设计包括产品设计、数控编程、仿真模型分析等。核心制造企业通过平台发布设计需求,包括工艺、模型、代码、工期、检测、试制要求等在内的各类设计工程师通过平台响应需求。设计方借助平台提供的设计工具完成设计工作并将程序、模型、设计文档上传平台,由平台整合第三方评价、金融、保险等机构为设计交易订单提供辅助服务。

2. 跨企业协同生产

针对生产企业产能不足或产能瓶颈等问题,实现工业互联网平台与多企业异构信息系统的集成,打通生产环节的数据通路。用户能够即时获得不同企业的产能信息,并根据订单要求,通过线上、线下磋商,确定合作模式。应用平台上的有限产能排产工具,实现订单与多工厂产能的匹配,根据工期、物流距离等约束条件将订单最优分配给多家企业联合生产,最快实现订单交付。

3. 供应链协同

平台汇聚的行业上下游供应商、服务商,为制造企业提供原、辅材料的采购与外协加工对接服务。支持企业开展能力匹配和需求匹配,寻找最优的解决方案,并提供供应商管理、供应链过程管理等服务,支持跨企业供应链协同。

4. 社会化协同制造

平台聚集了大量的行业制造资源,包括工业设备、制造能力和服务,平台上的用户能够应用这些资源开展生产。用户可以通过工业互联网平台获取订单,并通过平台配置的涵盖设计、仿真、生产的全过程 App 进行订单的生产、外协及交付等工作,实现社会化协同制造。

5. 服务型制造

制造企业通过提高自身产品的智能化水平,利用标识解析、传感器等技术实现产品与平台的连接,及时获取产品出售后的运行状况。除了实现基于数据的预测性维护、远程运维、设计优化,还可以整合上下游资源,拓展产品与其他要素的连接,帮助下游用户进行产能共享、"产品+服务"等商业模式创新,更充分地发挥智能产品的价值。

5.1.3 网络协同制造应用案例

1. 面向协同设计的应用

NASA 的网络化并行协同设计环境(integrated design and engineering analysis environment,IDEAE)平台是典型的面向协同设计的应用。

NASA 在新一代高超声速飞行器研制过程中,针对组织机构异地分布导致的复杂系统多学科设计流程割裂和数据分散、协同难度大的问题,开展网络化协同制造探索。在新一代飞行器的研制过程中,NASA 基于 IDEA 集成了控制、弹道、气动和结构等专业设计工具、软件、程序,通过网络为产品研制 IPT 团队提供了一致的分布式多学科设计优化工程应用环境,如图 5-1 所示。在 IDEA 的支撑下,完成了从总体的全机到分系统组件共 5 个阶段的不同分辨率模型(样机)的设计仿真和优化,实现了跨地域、多学科的产品协同设计。

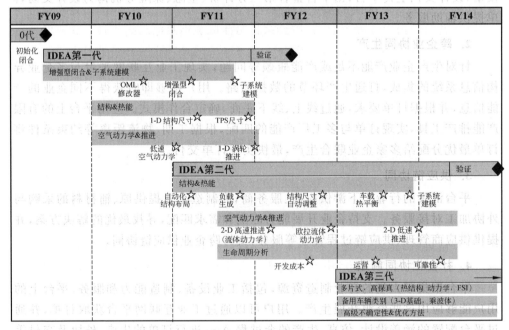

图 5-1　NASA IDEA 网络化多学科协同研发环境

2. 面向跨企业协同生产的应用

工业互联网平台在网络化协同制造中的典型应用是波音公司的全球协同工程（global collaborative engineering，GCE）平台。

波音公司传统的飞机研制方法是在公司内部完成飞机的详细设计后，再把设计模型或图纸发给外包制造企业去生产，存在设计及制造流程串行、产品技术状态管理难度大、反复修改次数多、研制周期长及成本高等问题。针对波音 B787 飞机机型，波音公司开始利用 Dassault 的 ENOVIA VPM 系统创建全球协同平台 GCE，实现了全球范围的网络化协同制造，如图 5-2 所示。依托该平台，波音公司组建了分布在世界各地的全球化 IPT 团队，通过网络传输产品 MBD 模型，交换产品设计、工艺和维护等信息，形成了基于网络的分布式协同研制。通过基于 GCE 平台的网络化协同制造，波音公司实现了快、好、省的产品研制模式。

在波音 B787 飞机的研制过程中，波音公司将工作量极其繁重的零部件详细设计和制造外包给零部件供应商，仅负责飞机的总体设计和部件的组装及校验工作。据统计，在波音 B787 飞机上的 400 多万个零部件中，波音公司只负责尾翼和最后的系统集成相关的 10% 的工作，其余的由全球 40 多家合作伙伴通过 GCE 协作完成，使波音 B787 飞机成为波音飞机发展史上完工最快、造价最低的机型之一。

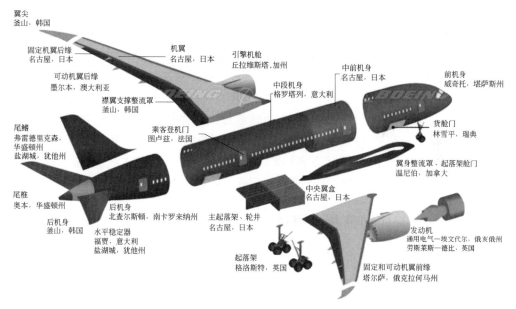

图 5-2　美国波音 B787 飞机基于 GCE 实现全球范围的网络化协同制造

3. 面向供应链协同的应用

某企业每年研发的新品数量多，市场宣传费用投入高，但在消费升级的背景下，客户群体越来越细，需求越来越高，在传统渠道的运营模式下，渠道终端的新品出样率不高,公司期望的终端覆盖度也不够,导致公司期望的产品结构调整总是不到位,收入利润增长率不能达到预期。用友公司助力该企业构建了基于企业、经销商、终端门店三方利益共同体的渠道产业链交易平台。基于该平台,最终达成新品出样率提升 5 倍、终端覆盖度提升 10%、利润增长率超出收入增长率、市值增长 10 倍的高绩效。

基于该工业互联网平台的资源管理、数据管理、数据分析、模型管理及业务建模优化能力,企业向下打通不同的销售渠道,构建面向经营数据的分析优化模型,提升市场响应速度,扩大产品营销数量;向上提供各部门、终端门店的统一管理界面,支撑门店直接管理优化,提升门店的管理效率。

5.2 智能制造

智能制造的概念最早是美国纽约大学的怀特教授(P. K. Wright)和卡内基梅隆大学的布恩教授(D. A. Boume)在 1988 年出版的《智能制造》一书中提出的,认为智能制造的目的是通过集成知识工程、制造软件系统、机器人视觉和机器控制对制造技工的技能和专家知识进行建模,以使智能机器人在没有人工干预的情况下进行小批量生产。随着制造技术和信息技术的发展,智能制造的概念也在不断演变。当前,智能制造一般指综合集成信息技术、先进制造技术和智能自动化技术,在制造企业的各个环节(如经营决策、采购、产品设计、生产计划、制造、装配、质量保证、市场销售和售后服务等)融合应用,实现企业研发、制造、服务、管理全过程的精确感知、自动控制、自主分析和综合决策,具有高度感知化、物联化和智能化特征的一种新型制造模式。工业 4.0 理念下的智能制造是面向产品全生命周期的、泛在感知条件下的制造,通过信息系统和物理系统的深度融合,将传感器、感应器等嵌入制造物理环境中,通过状态感知、实时分析、人机交互/自主决策、精准执行和反馈,实现产品设计、生产和企业管理及服务的智能化。

5.2.1 智能制造技术概述

智能制造技术围绕企业生产制造的全要素、全过程,通过工业设备、伺服系统和工控系统的自适应感知技术和网络互联技术,通过将关键生产加工环节智能化、数据传输集成化、泛在网络互联化,实现自主感知制造信息、智能化决策优化生产过程、精准智能执行控制指令等,以提升产品生产过程的自动化、智能化水平,提高制造效率并降低能耗、人力等制造成本。

企业生产制造涉及工业现场层、感知执行层和应用层等多个不同层级的硬件设备和系统。基于企业系统架构,智能制造技术包括企业生产制造过程的智能感知和采集技术、泛在互联技术、数字孪生应用技术及智能化决策和优化技术等。

1. 智能感知和采集技术

智能感知和采集技术通过综合运用 RFID 传感器和声、光、电等环境参数传感器、声音、视频等非接触式感知、条码/二维码识别、雷达测量等传感检测技术,实现工业设备、工业控制系统、伺服执行系统的各类状态参数和相关信息的自动感知及网络互联,并通过工业网络传输数据和指令,完成生产制造过程中设计、生产等环节相关的数据采集、分析和控制工作。智能制造中的智能感知和采集技术向下能使物理设备具有计算、通信、精确控制、远程协调和自治等功能,向上能使企业内部信息共享和集成应用,形成基于信息物理系统 CPS 的可自主操作的智能生产系统。数据的采集纵向贯穿企业的全部层级和生产制造系统,实现人、机、物和系统的互联,从而实现端到端的集成;横向延伸到全球互联网,打通内外部的协作通道,实现资源横向集成。

2. 泛在互联技术

企业智能制造的泛在互联技术涉及人、机器设备、加工对象、环境之间的互联、感知,以及生产加工的进度、现场质量检验、设备状态及利用率等现场信息的采集、实时传递、反馈及分析处理,以实现工业生产现场人、机、物的智能协同。生产现场人、机、物交互程度的高低,是智能制造技术水平的重要体现之一。基于 CPS 的工业现场泛在互联技术包括:

(1)多协议、多类型融合的工业网络技术。基于工业实时以太网、时间敏感网络等有线网络和工业无线传感网络、工业 WLAN、面向物联网的蜂窝窄带无线(NB-IoT)网络、5G 无线网络等,形成面向多协议、多类型的工业网络接入设备,搭建稳定高效、低功耗的工厂现场有线/无线网络,满足基于 CPS 的生产现场对低功耗、大接入容量、实时性、时间敏感及大数据量传输的需求。

(2)工业关键设备互联技术。工业关键设备互联的前提是互联网络和接入协议,基础是数据集成的基础架构。在实际应用中可以考虑采用大数据技术和多模型 CPS 系统架构的集成方式,形成工业环境关键设备/系统互联中间件产品,并行处理多源、异构、海量数据。在网络协议标准的支持下,实现生产制造环境、制造加工设备、工业控制系统、感知伺服系统等关键工业设备的互联互通及数据的智能采集,从而实现 Cyber 空间与物理过程的紧密耦合和实时交互。

3. 数字孪生应用技术

数字孪生应用技术在产品的设计、制造、生产、服务等各阶段全价值链以数字化的形式实现对真实物理场景的模拟、分析、预测和优化。数字孪生强调的是数字世界和物理世界的实时互动,以数据为驱动、以模型为核心、以软件为载体,综合运用物联感知、建模仿真、大数据、人工智能、VR/AR/MR(虚拟现实/增强现实/混合现实)、控制优化等技术,通过软件定义,对物理空间进行描述、分析、预测、决策,进而实现物理空间与 Cyber 空间的交互映射与融合应用。

在应用过程中,首先对产品全生命周期的设计、仿真分析、试验、生产和维护等不同阶段的设备、装备和环境开展建模,运用 AR/VR/MR 等先进交互技术,在 Cyber 空间映射现实世界的生产及其制造工艺过程和与之相关的设备。其次是建立包含产品研发过程和使用维护活动的设计、试验、生产、维护和人体的仿真模型与智能虚拟样机,进而完成设计、生产和维保等验证过程的虚拟验证仿真分析,包括对驱动虚拟样机进行设计方案的测试、分析和优化;然后基于 AR/VR/MR 评估、测试工艺路径合理性、人机工效及作业操作可达性,进一步开展基于 AR/VR/MR 的生产制造,评估设备性能、测试生产线效率、验证生产线布局、优化生产流程等。最后实现 Cyber 制造与物理制造的相互关联,达到对实际生产制造和使用维护迭代完善的目的。

4. 智能化决策和优化技术

智能制造的核心是要实现生产过程的智能化决策和优化,即利用工业互联网平台存储的历史数据和物理实体实时运行数据,基于数字孪生应用技术,将统计分析与深度学习、知识图谱、迁移学习等人工智能技术进行叠加和融合应用,创建预测性维护、辅助决策等全要素模型和算法,提升预测、决策、优化的效率和精准度。具体包括:

(1) 智能化的生产计划排程与过程管控技术。智能化的生产计划排程与过程管控是智能工厂的核心部分,通过工业互联网的计划云排程可以充分利用社会化资源对供应链进行优化,跨企业安排生产计划,从而加快库存周转和生产节奏,提升企业的生产效率。过程执行管控系统(MES)使生产加工进度、产品质量检测等过程管理透明化,配合现代移动互联网技术,可以实现异地实时生产管理。

(2) 虚拟工厂与自主决策技术。虚拟工厂与自主决策是智能工厂的应用部分。虚拟工厂连接工业现场设备和环境,进行网络线上展示和控制线下现场生产加工过程,统计、分析生产过程数据如设备状态数据、车间物流数据和供应链数据等,支撑企业经营管理决策。

近年来,5G 在工业系统中的应用成为推动智能制造的重要动力之一。5G 通信技术能够适应高带宽、低时延、大量接入等工业应用场景,将资源、流程、场景整合为一体。如基于超高清视频的机器视觉处理、基于 VR/AR 的设备远程控制及大数据海量设备连接应用等,极大地延伸和丰富了工业互联网应用的可能性,助力企业采用数字化技术提质、降本、增效,推动了我国制造业高质量发展。

5.2.2 工业互联网平台在智能制造中的应用

面向智能制造的工业互联网平台主要是指企业内部云平台。企业内部云平台通过接入工业现场、产品、需求、供应和人力资源等信息,采集采购、库存、销售、运输及回收等供应链环节的业务数据和制造资源的技术参数信息、工况信息等大量实时数据,基于所采集的数据在平台上实时分析用户需求、设备/产品的运行状态、性能参数及操作行为，挖掘与制造过程人、机、物相关的复杂隐性关联信息，以提高企业基于大数据的智能分析和辅助决策能力。平台应用场景贯穿产品规划设计、生产管控、运维服务等全业务链。

1. 生产规划与仿真优化

利用企业云平台的大数据和工业模型，可以帮助企业进行生产规划和设计。例如，以企业生产能力规划或改造方案为输入，在平台上搭建生产线仿真模型，通过运行生产线规划设计数据，可实现对生产线配置方案、生产工艺方案等的预先仿真分析，识别生产线设计的瓶颈环节，验证生产计划的合理性；通过虚拟设备调试机械手以确定AGV调度系统算法的正确性和合理性；通过输出生产线全流程数据的图表对生产线建成后的生产情况进行预先展示、预先验证、预先评估，从而获取产品生产最优方案，避免企业在投入建成后再发现问题而造成巨大的经济损失等。

2. 柔性生产管控

在生产管控场景中，通过平台对生产进度、物料管理、企业管理等工业大数据进行智能化分析，可以提升排产、进度、物料、人员等方面管理的准确性。该场景首先需要利用传感器、嵌入式终端等设备和信息通信技术，使设备与设备、设备与产品、物理系统与互联网平台生产执行系统、供应链管理系统及资源管理系统等智能互联，实现所需生产状态、质量参数等关键参数信息自动采集、预警报警信息自动推送、生产装配指令自动发送和工艺参数自动调节。在此基础上，依托平台上的大数据分析，将市场个性化订单中的共性需求抽取整合，并与生产模块灵活配置，兼顾智能生产线规模生产效率和个性化需求的快速响应，从而解决目前工厂普遍面临的订单波动大、定制成本高、设计频繁变动带来的生产效率损失、定制成本难以控制等问题。

3. 全面质量管理

工业互联网平台基于产品检验数据和"人、机、料、法、环"等过程数据进行关联性分析，可实现在线质量监测和异常分析，降低产品不良率。在质量管理场景中，通过在关键工位、关键设备和工艺环节安装自动视觉识别设备和虚拟量测等设备，并与质量管理系统、生产管理系统互联，实现与质量控制相关的关键设备、工艺参数或工艺环节数据的自动采集。基于实时采集的数据，平台通过质量判异和过程判稳等在线质量监测和预警模型，实现工艺参数自动调节和质量管控的及时响应。同时，通过将产品赋予条形码、二维码、电子标签等唯一标识，以文字、图片和视频等方式追溯产品质量所涉及的数据，如用料批次、供应商、作业人员、作业地点、加工工艺、加工设备、作业时间、质量检测及判定、不良处理过程等，完成质量评估与追溯。

4. 设备管理和预测性维护

工业互联网平台结合设备历史数据与实时运行数据，构建设备数字孪生体，及时监控设备运行状态,并实现设备预测性维护。在设备维护场景中,需要采集设备的运行/停机、工作速度、正常/预警/故障等状态数据,并在平台上建立设备管理知识库,对设备及关键部件基础数据、运行环境数据、设备状态参数、维修保养记录及生产历史记录等进行关联分析,形成设备故障预测模型和设备故障诊断模型。平台利用大数据、云计算对设备状态相关数据进行实时分析处理,综合评估各工作指标,及时发现潜在的故障和问题,并提前进行故障预警,或基于云平台就近安排维护人员进行现场维护处理、交互式故障诊断和远程可视化维护维修指导等。

5. 能耗管控

能源消耗是企业的重要成本构成,节能降耗更是生态文明建设的重要国策。基于现场能耗数据的采集与分析,工业互联网平台可以对设备、生产线、场景能效使用进行合理规划,提高能源使用效率,实现节能减排。通过在关键设备、能源介质中安装智能电表、水表、气表、流量计、压力计和物联网智能硬件采集设备,将能耗端实时运行数据采集上传至云平台,实现流量监测,气压监测,水、电、气等能源的消耗监测。同时,通过预先部署在平台上的智能算法和模型对产线能源消耗进行实时预测分析,为工业现场提供能耗系统异常识别与预警、原因追溯分析及模型调优,实现工厂能耗精细化管理,降低制造企业特别是流程性制造企业的能源消耗。

5.2.3 智能制造应用案例

1. 面向柔性生产管控和全面质量管理的应用

德国工业巨头西门子旗下的安贝格工厂(图 5-3)是工业互联网平台在智能制造方向应用的典范。安贝格工厂是欧洲乃至全球最先进的数字化工厂,是目前被业界认为最接近工业 4.0 概念雏形的工厂。该工厂拥有高度数字化的生产流程,能灵活实现小批量、多批次生产,每 100 万件产品中残次品仅为 10 余件,生产线可靠性达到 99%、可追溯性高达 100%。

每年,安贝格工厂约生产 1700 万个 SIMATIC 系列产品,其中就包括 SIMATIC S7-1500 控制器。在安贝格工厂,西门子将 SIMATIC 核心产品线接入自己的 MindSphere 云平台。安贝格工厂利用 SIMATIC 设备对生产过程进行控制,可以使生产过程的自动化率达到 75%,即工厂的生产设备和计算机可以自主处理 75% 的流程工作。由人力完成的部分只有员工将初始组件(裸电路板)放置到生产线上的环节,此后所有的工作均由机器自动控制完成。物流的自动化与信息的自动化、生产过程的自动化相匹配,真正达到了物流、信息流及仿真的完美统一。工厂强调集成的、统一的数据标,基于数字孪生技术将工艺的规划与工程化、生产系统的规划与工程化、仿真优化及验证在平台上全部实现了数字化,并且能够达到实体与数字信息同步,达到设计、制造、调试信息一体化的联动。除此之外,机器学习能力是工业云平台的核心竞争力,西门子与 IBM 联手,将 Watson Analytics 代入 MindSphere 中,为 MindSphere 提供预测分析、规范分析和认知分析等多种分析工具。MindSphere 云平台通过分析机器背后的数据进行运营和流程的优化,从而实现效率提升和成本的降低。

图 5-3 西门子旗下的安贝格工厂

西门子安贝格工厂的成功是数字化的成功。基于 MindSphere 工业云平台,安贝格工厂实现了制造过程的识别、分析、推理、决策,以及生产线控制的系统闭环。

2. 基于 RFID 技术的柔性生产管控应用

德国博世集团是全球领先的汽车技术供应商,博世的汽车制动系统(ABS&ESP)在市场上拥有相当的实力。博世洪堡工厂,作为博世公司旗下智能工厂的代表,在生产线中广泛采用 RFID 技术。生产线上所有零件有一个独特的射频识别码,能同沿途关卡自动"对话"。每经过一个生产环节,读卡器会自动读出相关信息,反馈到控制中心进行相应的处理,从而提高整体生产效率。洪堡工厂的20多条生产线引入的射频码系统减少了 30% 的库存,提高了 10% 的生产效率,从而节省了上千万欧元的成本。

同样,德国传统化工巨头巴斯夫集团在其位于凯泽斯劳滕的智能工厂,基于 RFID 技术实现了洗发水和洗手液的自动化生产。该工厂通过部署定制化需求管理系统、自动化的设备和生产线、无线通信网络和给产品贴上 RFID 标签等手段,实现了工业现场设备、产品和需求等信息之间的互联互通,形成了从需求到原料配比、车间物流等生产过程的自主感知、自动执行体系。在应用中,平台获取的用户需求信息与贴在空洗发水瓶和洗手液瓶上的 RFID 标签关联,生产线上的机器和物料配送系统通过读取 RFID 信息,可获取客户定制的香料、瓶盖颜色和包装信息,然后自动安排物流系统配送物料,并由生产机器完成相应的灌装、贴签、封装和分配等工作,从而使流水线上的每一个产品都可以截然不同,实现了个性化定制和柔性化生产的紧密融合。

3. 面向能耗管控的应用

钢铁行业中，由于钢铁冶炼环节复杂，环境危险要素多，在能源数据汇聚、工序协同、质量分析等环节面临一系列问题。某钢厂通过工业互联网平台能耗管控解决方案降低能耗0.5%，年经济效益达到数百万元。该解决方案依托宝信xIn3Plat平台，基于平台边缘至数据、模型管理的全流程服务能力打通能耗数据全生命周期的采集、分析和优化。

宝信xIn3Plat平台依托协议解析库，支持主流共计30多种设备和协议种类，解决各类能源设备的接入问题；基于平台数据管理能力实现跨IT/OT的数据采集，在确保系统安全的前提下，打通IT系统、OT系统、视频数据采集通道，实现能源的数据跨层级采集；基于平台数据管理、数据分析、人机交互能力实现数据融合分析展示，通过面向工艺的操作导航、区域指示、全厂指示和面向对象的数据融合，解决能源远程操作和集中的问题；通过统一监控视频管理，无缝嵌入基础自动化画面，同时通过模型调用实现视频信号根据生产需要的主动调用，结合现场报警实时弹出，实现现场能源管控远程智能化处理；通过平台模型管理及模型建模能力解决能源模型构建瓶颈，同时基于平台数据分析能力实现能源平衡、能源计划的智能分析。

5.3 云制造

云制造是具有中国特色的智能制造系统。云制造融合与发展了网络化协同制造和智能制造，以按需服务的方式提供虚拟化制造资源/能力，以多学科虚拟样机工程为基础，打通了产品研发全生命周期制造资源集成接入和产品价值链网络化协作的通道，实现了覆盖产品制造全产业链和全生命周期的社会化协同制造。对于中小企业而言，其能以最低的成本（按需付费或协议服务方式）快速聚集需要的制造资源，实现数字化、网络化、智能化产品研发。对于大型企业而言，其不仅能够灵活整合企业内部资源，还能接入社会化制造资源，充分发挥竞争机制的作用，实现制造资源/能力的优化配置，提升产品研发全产业链数字化、网络化、智能化水平，提高企业运行效率，促进产业转型升级。

5.3.1 云制造技术概述

云制造技术是一种基于泛在网络（如互联网、物联网、电信网、广电网及无线宽带网等）、面向服务的智慧化制造新模式。它融合与发展了现有的信息化制造（信息化设计、生产、实验、仿真、管理、集成）技术及云计算、物联网、面向服务、智能科学、高效能（性能）计算、大数据等新兴信息技术，将各类制造资源和制造能力虚拟化、服务化，构成制造资源和制造能力的服务云池，并进行协调的优化管理和经营，使用户通过终端和网络就能够随时按需获取制造资源与能力服务，进而智慧地完成其产品制造全生命周期的各类活动。

云制造技术是工业互联网时代的一种智慧制造模式与手段，是推动制造领域的"互联网＋"行动计划目标实现的核心技术之一。云制造相关技术主要包括云制造总体技术、云制造系统平台技术和产品制造全生命周期活动的智能化技术。智慧云制造技术是云制造技术在理念、方法、手段、模式方面的进一步拓展。

1. 云制造总体技术

云制造从横向集成、纵向集成与端到端集成三个角度全面应用工业互联网技术，构建基于工业互联网的智慧云制造新模式、新手段和新生态系统，其总体技术主要涉及云制造应用系统体系架构、云制造服务商业模式、智能管控集成互联技术、云制造标准体系和云制造评估体系。

2. 云制造系统平台技术

云制造系统平台技术是利用工业互联网提供的机器、原材料、控制系统、信息系统、产品及人之间的网络互联功能，实现智能制造资源/能力的感知、虚拟封装和服务化，云制造服务环境的构建、管理、运行、评估，以及云端知识、模型、大数据管理分析与挖掘等应用。云制造系统平台技术包括智能资源/能力感知、物联技术，智能资源/能力虚拟化、服务化技术，智能服务环境的构建、管理、运行、评估技术，智能知识、模型、大数据管理、分析与挖掘技术，以及人机共融智能交互技术等。

3. 产品制造全生命周期活动的智能化技术

产品制造全生命周期活动的智能化技术是充分利用工业互联网对工业数据的全面自主感知、大容量快速传输、智能化分析处理和多维展示等方面的优势，提高产品制造全生命周期活动的智能化水平，实现智能控制、运营优化和生产组织方式的变革。产品制造全生命周期活动的智能化技术包括智能设计、智能生产、智能管理、智能试验、智能保障等技术。

从技术上来说，云制造实现的核心是云制造系统平台的实现。下面针对云制造系统平台的关键技术进行进一步阐述。

1) 基于边缘制造的海量设备接入和集成处理技术

基于边缘制造的海量设备接入和集成处理技术是指在靠近物或数据源头的网络边缘侧，通过网络通信技术，运用网关等载体，实现工业现场海量异构设备的通信协议解析、数据采集、数据分析处理，以及边缘应用的管理和集成等服务的技术。在工业领域，网络是边缘制造的基础资源，网络连接需要满足传输的实时性、可靠性和数据的完整性。随着 OPC UA＋TSN 和 5G 等新网络通信技术的不断发展，边缘制造场景的网络向更大带宽、更低延时特性拓展，满足了更高动态、更复杂操作的制造过程需求，如边缘智能控制、视觉监测、虚拟现实工厂等。

2）云端计算与云边缘计算融合技术

云端计算与云边缘计算融合技术是将基于云端的云计算和基于云边缘端的边缘计算方式融合后产生的混合计算模式。其中,基于云边缘端的边缘计算是云端计算在物联网快速发展场景下向边缘侧扩展延伸的新型分布式基础设施。云计算适用于面向全局、对实时性要求不高、通过大数据处理与分析提供决策和支撑等的应用场景;云边缘计算适用于对实时性要求高、周期短、局部范围数据处理与分析的场景。云边缘节点提供边缘侧的计算、存储、网络及虚拟化等服务能力,能够对边缘侧的资源进行调度管理。同时,云端也可以为边缘侧资源调度提供管理策略,从而实现云端与云边缘端的资源协同。

云制造系统平台通过云端计算与云边缘计算方式的融合互补与协同,能够从资源、数据、服务等多个方面实现协同共享,更好地满足多种需求场景。

3）基于容器技术的平台服务技术

容器技术可以将进程所需的全部文件打包,隔离在一个镜像中,是对操作系统的资源进行再次抽象,具有轻量级、快速部署、易于移植和弹性伸缩的特点。容器提供的镜像包含了应用的所有依赖项,通过打包好的服务就可以快速启动,因此在软件开发全流程中,具备可移植性和一致性,并且能很好地实现资源隔离和限制。基于容器的平台服务技术能够为容器化的应用提供资源调度、服务发现、弹性伸缩、负载均衡等功能,同时监控和管理整个服务器集群,提供高质量、不间断的应用服务。基于容器技术的平台服务技术可利用混合容器编排技术,提供弹性伸缩和服务编排的通用环境,并对应用、中间件、数据库等提供容器化运行环境。平台服务通过容器的方式进行部署,可将不同服务封装为不同的容器,再通过脚本使容器之间按需协作,降低服务在不同主机上部署运行时所带来的工作难度,同时也能够降低因操作不当所带来的风险。

云制造系统平台通过基于容器的平台服务技术向上提供统一的开发运行环境,向下提供统一的多云架构支持,以集中化方式对资源进行管理调度,按照需要为容器提供 CPU、内存等资源。

4）工业应用 App 及集成技术

工业应用 App 是可满足特定场景需求的轻量化工业应用软件,它承载着工业领域的知识和经验,通过工业数据建模、持续优化模型、提炼与抽象工业技术知识,并将模型、知识以软件形式进行封装而形成的。工业应用 App 是工业互联网平台的重要价值体现。相较于传统工业软件,工业应用 App 具有轻量化、定制化、专用化、灵活可复用、研制周期短等特点,可以完整地表达一个或多个问题,解决具体需求场景中所面临的特定问题,并且在 App 中封装了解决特定问题的流程、逻辑、数据与数据流、经验、算法、知识等工业技术,实现了工业技术、知识的封装与固化。

工业应用 App 及集成技术是基于平台应用云化标准规范、应用改造标准规范等,结合容器化技术和微服务技术的应用,整合不同架构的 App,实现资源的动态调整和业务功能的松耦合,因而提高了App的可扩展性与可用性。

5.3.2 工业互联网平台在云制造中的应用

和网络协同制造中的工业互联网平台一样,工业互联网平台在云制造中的应用主要涉及行业云或企业混合云。所不同的是,应用于云制造的工业互联网平台将网络协同制造功能和智能制造功能进一步融合,目的是实现以按需服务的方式提供虚拟化的制造资源或能力。工业互联网平台在云制造中的应用覆盖产品制造的全产业链和全生命周期,包括云设计、云生产、供应链/营销链/售后链云服务等应用服务。

1. 云设计

云设计是指云平台通过整合行业中设计活动的计划、流程、数据、软件等各类设计资源提供云端服务,帮助企业完成设计、分析等业务活动。

云设计中心的功能主要包括任务管理、数据管理、在线设计/分析、在线工艺设计及专家在线咨询等。任务管理功能可以分发或管理用户提交的设计任务,实现分工协作,并对任务进度实时跟踪。数据管理功能主要是指对产品的零件信息、设计文件和相关的配置等数据进行云存储与管理,以及企业内部和跨企业的会签流转和模型管理功能。另外,云设计中心提供资源池内设计/分析软件的在线使用,提供参考模型与典型案例的分析、集成、共享及管理,如提供CAPP等工艺类软件,使用户能够进行在线设计和工艺分析。专家在线咨询功能为用户提供资源池中存储的专家信息,用户根据需要选择专家在线上进行实时设计、分析及工艺等方面的咨询。

2. 云生产

基于云平台和工业大数据引擎技术,云生产打通了企业"生产计划、BOM及工艺路线、企业数据"三类业务链,实现了制造企业内部各生产模块、各车间及多生产基地之间资源和流程的业务协同,以及制造企业与设计提供方的设计协同。建设云端设计与工艺的协同系统以支撑产品三维数字化模型所包含的数据信息在工艺和制造环节中的有效传递,实现设计信息与生产信息的高度集成,支持"三维设计—工艺仿真—柔性生产—过程监控"全流程的数字化和基于三维模型/图文档的跨地域、跨企业协同设计。

在云生产模式下,基于云平台上的多用户订单可驱动生产执行系统、定制化生产线柔性重构,提供资源协同、外协外购协同等增值服务,实现跨车间、跨厂区的库存、制造设备、生产辅助工具等生产要素资源的信息共享,支撑不同生产单元资源计划协同。根据协同方案下达排产计划,驱动企业MES系统,实现订单驱动。基于有限产能、企业资源(产能、库存、人员等)的车间级优化生产排程能够实现数据驱动的网络化、智能化混线生产,有效均衡企业库存、产能等资源,提高生产效率和计划完成率。

3. 供应链/营销链/售后链云服务

供应链云服务提供对企业内部进、销、存的管理及企业间进、销、存业务交互的服务,使企业实现了从计划、物料申购、采购到出入库、结算等全部环节的业务流程数字化和规范化管理。供应链云服务打通了企业间采购、销售、仓储管理等数据接口,实现了企业间协同和无缝对接。供应链云服务可以借助往来的业务信息,管理供应商信息、资质,建立信用评级制度,更好地掌控产业供应链:提供直接下单、询报价、招投标等多类采购业务模式,完成交易撮合,降低采购成本;严格管控采购计划、订单和合同,规范企业内部流程;完成扫码出入库和动态库存管理,对货物进行应收付管理。

营销链云服务提供对营销业务的全程管控,包括订单管理、费用管理、价格管理、推广促销、竞品分析等多维度管控,以及从批发到零售的基于二维码的全过程跟踪和总部、区域、经销商、销售网点等多级管理。营销链云服务覆盖销售过程的各个环节,帮助企业全面掌握企业销售经营情况,且支持传统营销、移动终端营销、微信营销等多种营销模式,可降低企业的营销成本,提高营销效率。

售后链云服务提供用户反馈快速响应,支持企业用户管理、配件管理、库存管理、安装管理、维修管理、回访管理、结算管理等多重管控,实现了从销售订单到售后服务接单的自动化流转。售后链云服务基于行业客户提供个性化、终端化管理,基于用户反馈定制产品,改变了传统服务模式。

5.3.3 云制造应用案例

1. 云设计应用

美国国防部高级预研局(Defense Advanced Research Projects Agency,DARPA)于 2010 年发起自适应运载器制造 AVM(adaptive vehicle make)计划,积极探索如何利用云平台实现社会化协同,希望以此改变国防军工等复杂装备制造领域的垂直一体化制造格局,大幅降低国防装备的研发成本,缩短研发周期。AVM 计划包括一系列子项目,如基于模型的设计验证方法与工具 META、数据驱动的快速自适应工厂 iAB、新一代快速自适应地面车辆 FANG 等,同时为了满足大规模协同打造了开源云平台 VehicleFORGE,如图 5-4 所示。该计划在实现"一次生成无差错"的数字化设计、快速自适应生产、"民主化"协同创新等方面取得了突破,对提高美国武器系统研制能力具有重要影响。

VehicleFORGE 网络协同设计云服务平台(图 5-5)借鉴了开源软件社区协作开发平台的概念,为分布在世界各地的设计者打造了在线虚拟设计实践社区,将设计活动的参与者组成团队,促进协作,支持设计成果的发布测试。VehicleFORGE 平台接入 META 集成设计框架,设计者能够获取知识组件、设计工具、制造工具、

第 5 章 工业互联网平台应用 133

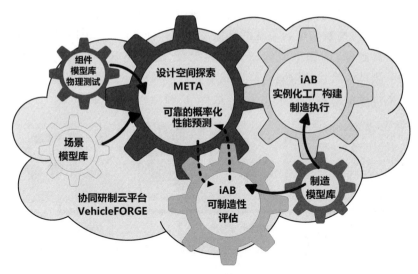

图 5-4 AVM 计划的构成

设计案例，能够实时接入 META 设计流的各种功能模块，获得仿真结果、优化结果、权衡评价结果等。

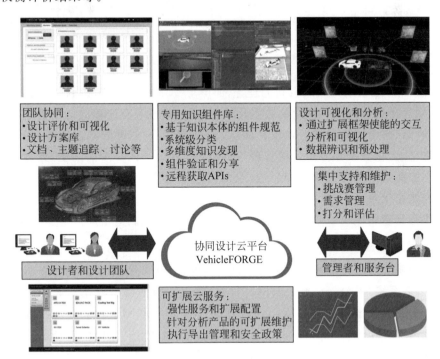

图 5-5 VehicleFORGE 网络协同设计云服务平台示意图

META 集成设计框架是由 META 设计流（图 5-6）和 GME 统一建模环境及其应用工具套件组成的，以信息物理系统统一建模语言为中介，实现设计工作流与软件操作工作流之间的语义集成。项目能够通过综合每个零部件的物理、热、振动、电磁等特征模型，推断装配后系统的几何尺寸和性能，并在真实样机制造前对系统设计进行仿真验证，确保生成的设计准确无误，避免现有系统设计过程中的"设计—制造—测试—再设计"循环，降低成本和进度风险。在设计完成后，META 会将设计方案传送给配套的数字化工厂，达成"精确构造"的效果。

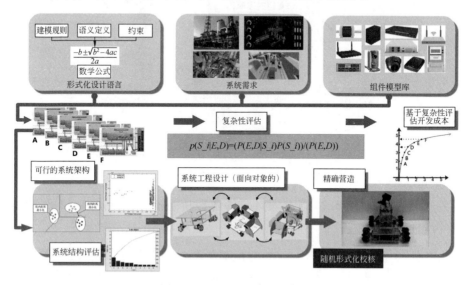

图 5-6　META 设计流示意图

AVM 计划秉承开放式创新的理念，面向 Cyber 物理系统，以软件定义制造的方式，构建出设计制造一体化的数字化工程环境，完成了全流程的语义集成和算法支持，联结、整合了分散的专业设计团队，弥合、重组了关键的制造资源，促进了互联网化、社会化分工和协作。尽管在 AVM 计划存续的四年多时间里，并没有对一个完整的武器系统完成测试和建造，但人们在模型化设计、验证和快速制造，以及知识的商业化封装、互联网化设计制造协同方面进行了系统的探索，为国防军工等复杂装备制造业注入了变革力量，对既有的垂直一体化制造格局提出了挑战。

2. 云制造应用

中国航天科工集团基于云制造所提出的理念、模式、技术手段和业态研究开发了"云制造系统"平台——航天云网。目前，航天云网平台已经在工业智能云系统（industrial intelligent cloud system，INDICS）工业互联网平台上开发布置了云制造支持系统（cloud manufacturing support system，CMSS），如图 5-7 所示。集团构建了以工业互联网为基础的云制造系统产业集群生态，开发了"三朵云"——"国际云、公有云、专有云"应用子平台，并且在航空航天、通用设备制造、模具制造等十大行业围绕纵向（设备云、车间云、企业云、区域云等不同层次的云制造系统）、横向（制造全产业链活动）两个维度进行了应用推广，形成了一些典型的应用范例。

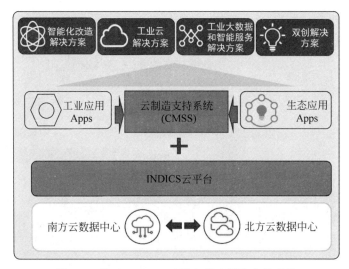

图 5-7 基于 INDICS 云平台的云制造支持系统

1) 面向小卫星制造的智能生产线

传统的小卫星生产模式重手工、单件生产,存在设计、研发、制造衔接不顺畅,单星总装生产装配效率低,业务链条缺乏统一的管理手段,质量管控难度高等难题,产能无法满足要求。航天云网基于 INDICS 平台的 CPDM/CRP 协同应用环境,将智能、柔性化软/硬件贯穿研发、设计、制造全过程,通过集成实现基于数字孪生及模型驱动的卫星模块化快速设计;基于模型的实体与虚体管理实现模型跨阶段连续传递;基于数据和模型驱动的一体化智能生产系统实现卫星柔性智能化生产;通过对制造过程、装配过程质量数据和各层级组件、零部件配套过程质量数据的采集、管控、处理,实现全业务链条质量管控,全面提升产品质量。

航天云网打造了全球首个基于工业互联网平台且具有柔性制造能力的小卫星智能制造基地(图 5-8),实现了产能可扩展和小卫星柔性混线数字化生产能力:研制生产周期缩短 75%,单星生产成本降低 50% 以上;具备关键工艺参数与结果 100% 采集与反馈;设计研发、制造资源、质量管理等各业务流程无缝对接。

2) 基于数字孪生的高端电连接件智能工厂

航天电器智能制造样板间是中国与德国政府间国际科技创新合作的重点项目。针对航天电器生产的高端电连接件产品多品种、小批量、定制化的特点,构建了基于云平台的线上线下相结合的智能工厂,解决企业跨事业部协同效率低、与客户/供应商沟通不畅、产业链上下游企业协同手段落后、资源调度不合理、生产运营大数据缺少积累等问题。项目通过智能制造装备、自动化生产线、车间互联互通网络、智能传感器、产品编码标识、在线监视检测等的建设和使用,实现了产品的柔性混线生产;通过云端设计、生产、管理等 SaaS 软件与企业内部传统工业软件的集成开发,打通了线上线下相结合的生产计划、BOM(bill of material)/工艺数据、企

图 5-8 小卫星智能制造基地

业运行数据三条主线；通过大数据挖掘与分析技术对企业的生产、质量数据建模，构建质量/工艺优化模型，为企业的设计工艺优化提供决策支持；利用 VR 技术搭建虚拟工厂，实现远程监控，并通过仿真工具对产线布局设计、物流设计、节拍计算等进行仿真，搭建数字孪生模型，为产线设计及运行提供优化指导。项目完成后，企业自动化率提升至 60%，产品研制周期缩短了 33%，产品不良品率降低了 56%，运营成本降低了 21%，能源利用率提高了 21%。

3）基于大数据的机器人智能云服务平台

随着市场对高精度产品需求的激增和对产品精度要求的提高，越来越多的企业采用工业机器人来做重复的高精度生产工作，而工业机器人的数量和使用时间不断上升使其面临故障发生频率升高、影响产品质量，甚至造成停机事件等痛点问题，因此，需要进行有效的预测并做到基于状态的实时维护，有效降低宕机时间、保障产品质量。航天云网依托 INDICS 平台，实现了工业机器人的运行数据采集、数据分析处理、状态监测、健康评估和故障预测，总体架构如图 5-9 所示。资源层主要是现场的工业机器人系统及相应的附加传感器、智能网关等设备。通过 INDICS 平台提供的 API 接口，使用 HTTP、HTTPs、MQTT 等协议将资源层数据传输至 INDICS 平台层。INDICS 平台层主要为各业务应用系统的构建和运行提供技术支撑，并为各应用服务提供计算、数据等资源的调度、管理及监控服务。App 层包括基于深度学习的设备故障诊断模型和健康度分析模型构建的机器人故障预测维护 App，用以实时监控数据变化、设备故障诊断及预测、设备健康度分析和剩余寿命预测等，并针对潜在发生故障告警，为驻场维修人员提供维修建议。

本解决方案成功应用于佛山华数机器人，通过应用解决方案，搭建工业机器人云平台,对设备运行进行监测与分析,为企业生产运营提供了精准的数据支撑,使其生产效率提高10%;通过设备故障预警、预测性维护及服务,预测性能退化趋势、提前发现故障安全隐患,有效减少了30%～40%的设备维护时间,降低了企业维护成本。

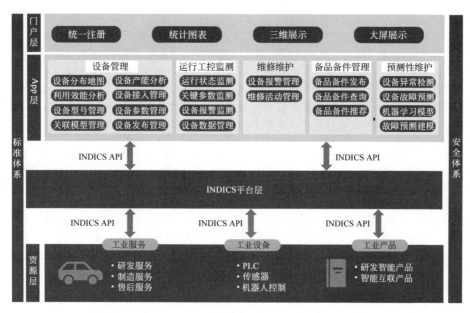

图 5-9 基于 INDICS 的机器人智能云服务平台总体架构

参考文献

[1] 航天云网.工业机器人智能服务解决方案[EB/OL].(2022-03-21)[2023-05-19].https://www.casicloud.com/paask/solution50.html.

[2] 赵宏霞,王梦娟,王国涛.工业互联网平台生态嵌入对参与企业探索式创新绩效的影响[J].科技进步与对策,2022,39(15):89-98.

[3] 石璋铭,杜琳.工业互联网平台对产业融合影响的实证研究[J].科技进步与对策,2022,39(19):59-68.

[4] 工业互联网产业联盟.工业互联网平台白皮书(2019)[R].北京:中国信息通信研究院,2019.

[5] 工业互联网产业联盟.工业互联网平台白皮书(2021)[R].北京:中国信息通信研究院,2021.

[6] GE.Predix:工业互联网[R].GE,2016.

[7] Siemens.MindSphere:助力世界工业推动数字化转型[R].Siemens,2019.

[8] 肖琳琳.国内外工业互联网平台对比研究[J].信息通信技术,2018,12(03):27-31.

[9] 周志勇,任涛林,孙明,等.工业互联网平台体系架构及应用研究[J].中国仪器仪表,2021(06):45-50.

[10] 王晨.我国工业互联网平台发展影响因素及驱动政策研究[D].北京:北京建筑大学,2020:9-20.

[11] 中国电子信息产业发展研究院.工业互联网平台赋能重点行业数字化转型方法论白皮书[R].北京:中国电子信息产业发展研究院,2020.

[12] 工业互联网产业联盟.工业互联网平台白皮书(2017)[R].北京:中国信息通信研究院,2017.

[13] 李颖,尹丽波.虚实之间:工业互联网平台兴起[M].北京:电子工业出版社,2019.

[14] 邬贺铨.工业互联网平台发展态势、特征及建议[N].中国电子报,2018-12-11.

[15] 国家工业信息安全发展研究中心.工业互联网平台创新发展白皮书(2018)[R].北京:国家工业信息安全发展研究中心,2018.

[16] 周剑,肖琳琳,余婧,等.数据驱动 转型致胜——全球工业互联网平台应用案例分析报告[R].北京:国家工业信息安全发展研究中心,2018.

第 6 章

工业互联网平台的未来展望

国际主流工业大国都在大力推进工业互联网建设,并以工业互联网平台为引擎,探索工业制造业数字化、智能化转型发展新模式。目前,业界已基本形成智能终端(边缘)+云架构+工业 App 的工业互联网平台技术架构:一方面,平台承载工业知识与微服务,向上支撑工业 App 和云化工业软件的开发和部署,为企业客户提供各类应用服务;另一方面,工业互联网平台向下实现海量的多源设备、异构系统的数据采集、交互和传输,支持软/硬件资源和开发工具的接入、控制及应用。

随着国内外对工业互联网平台变革性质和重要作用认识的不断深入,制造企业、自动化企业、通信企业、互联网企业等各类主体聚焦自身的核心能力,基于公有云、私有云或混合云构建面向不同行业领域、不同技术架构、不同运行模式的工业互联网平台,旨在提升设备连接、设备管理、数据存储及处理、数据高级分析、软件应用管理、平台应用开发、整合集成等服务能力,用于满足工业领域设备产品管理、业务运营优化、社会化资源协作三个方面的需求,以实现降低成本、提高效率、提升产品和服务品质、创造新价值四大成效。

6.1 我国工业互联网平台创新发展实践与展望

我国工业互联网平台发展已经从概念普及走向落地深耕,从探索创新走向深入挖掘应用价值。在平台愈发成熟的供给能力和企业数字化转型的强烈需求双向促进下,工业互联网平台走向以应用价值为核心的新型发展阶段。

从供给侧看,经过多年的建设和能力整合,平台已经具备服务制造企业的基础能力。近两年,领先平台企业不断积聚力量,务实构建工程化解决方案,平台基础架构及服务能力日益完善。在边缘层,数据接入不再是不可攻克的难题,协议解析、外置传感器等多类数据接入技术不断成熟。在 PaaS 层,无论是微服务技术的引入还是大数据系统的构建,正逐渐成为平台企业的标配,少数企业还在不断提升人工智能和低代码开发服务水平。在应用层,多数企业基本完成了传统工业软件的云化迁移和整合,平台云原生工业 App 逐渐涌现。以上平台能力整合及新兴技术迭代正日益武装、丰富平台的服务能力，为赋能制造业转型升级奠定了坚实的基础。

从应用侧看，后疫情时代企业数字化转型需求愈发强烈，利用平台实现"提质、降本、增效"已经成为企业的内生需求。面向集团型企业，基于云平台打通集团企业间的数据通道，开展协同设计、共享制造、供应链协同等网络化协同应用，几乎成为集团型企业的刚性需求。面向大型企业，针对企业内各业务部门信息孤岛林立、海量异构数据管理困难、企业知识沉淀和敏捷创新水平低等挑战，具备统一大数据管理架构及敏捷低代码开发的工业互联网平台仍是企业数字化转型最有利的技术工具。面向中小企业，由于中小企业资金紧张、技术工程师专业能力相对薄弱，借助工业互联网平台低成本、快速部署软件应用的特点，通过云化解耦提供轻量级工业 App，不但可以降低企业基础 IT 建设、运维成本，还能够根据企业需求针对性地订阅 SaaS 化服务。

6.1.1 工业互联网平台技术体系创新

工业互联网平台是工业体系与互联网体系融合的产物。目前，人们发现在工业体系与互联网体系的碰撞中，很多难以达成共识的问题并不在技术层面，而对平台技术体系的认知正逐渐趋同。

美国工业互联网联盟率先探索工业互联网的架构，提出由边缘层、平台层和企业层组成的三层架构模式。中国工业互联网产业联盟发布的《工业互联网平台白皮书(2017)》基于国内外平台企业的做法，梳理总结出工业互联网平台架构，核心要素包括边缘层、平台层（工业 PaaS）、应用层（工业 SaaS）。其中，边缘层是基础，主要通过深层次采集数据并实现不同协议数据的基层汇聚；应用层是关键，基于开放环境部署应用，面向工业各环节场景，是工业互联网平台服务的最终输出；而平台层是工业互联网的核心，基于工业 PaaS 架构集成了工业微服务、大数据服务、应用开发等功能，媲美移动互联网操作系统。平台层的具体功能包括：

（1）将云计算、大数据技术与工业经验知识相结合，形成工业数据基础分析能力，把技术、知识、经验等资源固化为专业软件库、应用模型库、专家知识库等可移植、复用的开发工具和微服务。

（2）提供数据存储、数据共享、数据分析和工业模型构成的完整工业数据服务链，汇聚各类传统专业处理方法与前沿智能分析工具，帮助用户方便、快捷地实现工业数据的集成管理和价值挖掘。

（3）构建基于工业数据服务之上的应用开发环境，提供各类蕴含工艺知识和行业经验的工业微服务、工业应用开发工具，以及针对应用开发运维的完善管理手段，帮助用户快速构建定制化的智能应用 App 并形成商业价值。

除此之外，工业互联网平台还包括用以支撑数据传输交换的网络基础设施，以及涵盖整个工业系统的安全管理体系，这些构成了工业互联网平台的重要保障和支撑。

工业互联网平台技术从诞生之初,就是一类多学科交叉与综合集成技术。当前,以边缘计算、数字孪生、人工智能、区块链为代表的新一代信息技术与制造业融合发展,是全球新一轮科技革命和产业变革的重要特征。工业互联网平台的发展也将与边缘计算、区块链、新一代人工智能等新兴技术相融合,不断完善和推动工业互联网平台的技术体系创新发展。

1. 边缘计算技术推动工业云端一体化

边缘计算是一种提供实时本地数据分析的计算方法,其主要特点是信息处理、内容收集和传递在物理位置上更接近该信息的来源地,而不是通过长路径传输到数据中心或云。对于大多数行业的企业来说,采用边缘计算会给企业带来许多潜在的优势。对于工业企业来说,边缘计算在智能制造方面的优势明显:

(1)更快的响应时间。边缘计算的数据存储和计算能力是在本地完成的,不需要与云端交互,可以减少延迟并有更快的响应能力。这将有效提高在机器发生故障或发生危险事件时的反应速度。

(2)在网络连接不稳定时仍可保证应用的可靠性。对于大多位于偏远地区的工厂、设备(如油井、农业泵、太阳能农场或风电基地)来说,互联网连接状态十分不稳定,因此,要实时监控这些区域里的设备运行是十分困难的。边缘计算能在本地存储和处理数据,确保在互联网连接受限的情况下,不会出现数据丢失或操作失误等问题。

(3)安全性。采用边缘计算后,设备和云端之间的数据传输是"有选择性"的,这样可以避免大量数据传输。边缘设备可以在本地将敏感信息过滤,只向云端传输需要的数据源,用以支持数据模型的构建和运算,帮助企业建立一个完整的安全体系。

(4)降低工业互联网平台解决方案的实施成本。工业互联网平台应用落地难的一个重要原因是实施成本高,主要是平台应用需要巨大的前期投入,如网络带宽、数据存储、数据计算等。边缘计算可以在本地执行许多数据计算,企业可以自行决定哪些服务在本地运行、哪些应用需要将数据传到云端,从而降低了整个工业互联网平台解决方案的成本。

(5)传统设备和智能设备之间的交互性。边缘设备可以充当传统设备和现代智能设备之间的通信连接站,这样可以从传统工业设备中读取运行数据,从而实现工业互联网平台应用的落地。

云计算具有大数据计算能力、机器学习,以及人工智能高级算法等强大功能,而边缘计算技术为工业制造企业提供了工业数据安全治理与低时延高可靠性数据处理的边缘解决方案。因此,边缘计算是对云计算的补充,边缘技术和云技术的结合将推动工业企业云端一体化,为智能制造建立一个成本效益高、功能强大的工业互联网平台解决方案。

2. 数字孪生技术助力更多平台应用出现

数字孪生技术是基于现实物理实体特征描述，以动态实时的方式对建立的模型、收集的数据做出高度反映真实物理实体的分析，用于现实物理实体的模拟、监测、预测和控制、优化。数字孪生是现实物理对象在数字世界的映射，它包括物理对象的模型和来自对象的数据，与物理对象是唯一的一对一的对应关系。数字孪生有两个重要模型：一个是实体的物理模型，另一个是虚拟模型。虚拟模型是在计算机中利用数学、统计、图形、逻辑规则等不同方式进行仿真得到的模型，并与物理模型之间通过通信、感知紧密地结合起来。

数字孪生技术在工业互联网平台中的应用分为四个层次：第一层次是模型映射，即建立物理对象的虚拟映射；第二层次是监控与操纵，即在虚拟模型中反映物理对象的变化；第三层次是诊断，即发生异常时寻找根本原因；第四层次是预测，即预测潜在风险，合理规划产品或设备的维护。这四个层次应用的背后体现的是仿真的精度与效率，数字孪生层次越高，对其要求也越高。

同时，根据产品全生命周期应用阶段，可以将数字孪生的应用分为以下阶段：

（1）产品全生命周期前期，包括产品设计等。

（2）产品全生命周期中期，包括产品测试、产品雏形制造、生产制造优化等。

（3）产品全生命周期后期，包括数字化监控、远程操作等。

具体来说，在研发阶段，可以通过数字孪生来降低研发成本，缩短研发周期，优化产品设计；在运营阶段，可以通过数字孪生来优化运营模式，并且实现全价值链的闭环反馈和持续改进。简而言之，工业互联网平台赋能企业的数字孪生，可以推动企业实现对"物"的性能、运行和质量的跟踪。

随着工业互联网技术的应用推进，数字孪生被赋予了新的生命力，工业互联网延伸了数字孪生的价值链条和生命周期，凸显出数字孪生基于模型、数据、服务方面的能力和优势，打通了数字孪生应用和迭代优化的现实路径，正成为数字孪生的孵化床与应用载体。基于工业互联网平台的数字孪生将促进新一代工业应用App的快速开发和实施。

3. 人工智能技术进一步挖掘工业数据的价值

随着工业互联网平台应用的不断推广，连接到工业互联网平台的设备和传感器数量在飞速增长，产生了海量的工业数据。这些数据存在巨大的潜在价值，如通过数据分析可实现设备和机械的预测性维护、减少计划外停工时间、降低设备维护成本、提高生产率。但数据产生价值的前提是利用一种分析方法，从设备产生的海量数据中找出规律。事实上，想要从 TB 量级的工业数据中发现新规律是极其困难的事情，传统技术根本无法完成这类分析，而人工智能技术的应用则是解决这类问题的可行途径。

人工智能包括机器学习（ML）、深度学习、神经网络和自然语言处理等技术，能够理解、学习、预测、适应，最终实现自主操作。人工智能可以学习和改变未来的行为,从而创造更智能的设备和程序。人工智能在工业互联网平台的应用和部署中扮演着越来越重要的角色,因为它能够快速地从工业数据中获得新洞察。如机器学习能够自动且快速分析、学习智能传感器设备产生的运行数据,包括温度、压力、湿度、空气质量、振动和声音等,识别运行数据中的异常数据、异常运行模式。与传统的智能工具相比,机器学习在分析工业互联网平台数据方面有着显著的优势,如能比传统的阈值监控系统更早、更精确地预测设备可能出现异常的情况。除此之外,其他人工智能技术,如语音识别、计算机视觉等可以从以前必须通过人工才能读取的信息中获得新洞察。

人工智能经过 60 余年的发展,突破了算力、算法、算料(数据)等方面的制约,在移动互联网、大数据、超级计算、传感网、脑科学等新理论、新技术的驱动下,已经进入了新的发展阶段,拓展了工业互联网的应用场景。新一代人工智能技术呈现出深度学习、跨界融合、人机协同、群智开放、自主操控等新特征,其与各领域的融合成为推动我国科技跨越式发展、产业优化升级、生产力整体跃升的新引擎。新一代人工智能技术将进一步挖掘工业数据价值,推动工业互联网迈入智能时代,催生智慧工业互联网的演化和发展。

4. 区块链技术助力打造工业信用体系

区块链技术是一种新型的、可共享的、可信的分布式账本技术,用链式结构、分布式存储来记录交易历史信息,用智能合约来描述交易规则,用机器共识来协调智能合约的执行,用加密算法来保护隐私。其交易可溯源、不可篡改、不可抵赖、不可伪造,能使人、企业、物体彼此之间因"连接"而信任。

区块链技术已经在金融等领域有了较为成熟的应用,在物联网领域也不断出现技术创新,未来必将实现与工业互联网的融合应用,提升工业互联网的适用性、安全性及可信性。在工业领域,供应链管理被认为是应用区块链技术获益较好的场景之一,因为它非常适合对货物从发货到收货之间的快递运送或制造商到商店的整个过程的数据进行监控。通过区块链技术改造工业互联网,可将公共数据分布存储在各参与体的节点中,避免因单一数据中心遭到攻击而造成数据丢失与篡改,提升工业互联网的数据安全。公私钥加密特性一方面使工业互联网中可公开的数据公开透明地共享,另一方面保护商业秘密信息的隐私,保障企业数据及接入智能设备的安全。区块链智能合约技术还可以完美地解决工业互联网中"人对机""机对机"的交互问题,便捷、智能、安全地服务于工业互联网中各类交易业务场景。

区块链具有去中心化、公私钥数据加密、数据共享公开、数据不可篡改等特性。区块链技术可助力打造工业信用体系,让互不信任的人在没有权威中间机构的统筹下,还能毫无顾虑地进行信息互换与价值互换。尤其是在涉及多方参与、对等合作的场景中,应用区块链技术能够增强多方互信、提升业务运行效率、降低业务运营成本与摩擦成本,由此可能催生全新的组织形态和商业模式。

6.1.2 工业互联网平台推动产业变革

工业互联网平台针对工业应用场景,通过各类机器设备、人、业务系统的互联,促进数据跨系统、端到端的流动,基于数据分析、建模、利用,实现数据驱动的生产和运营闭环优化,形成新的业务模式和新的业态。与传统的工业 IT 架构解决方案相比,工业互联网平台解决方案在技术架构、工业数据获取和利用方式、工业应用方法、价值模式等多方面都存在根本性的不同,具体见表 6-1。

表 6-1 基于工业互联网平台的解决方案与传统工业 IT 架构解决方案

项 目	传统工业 IT 架构的解决方案	工业互联网平台的解决方案
技术架构	封闭大系统; 垂直紧耦合架构; 专用接口或中间件; 长开发周期; 系统整体升级成本高; 本地部署	大平台+小 App; 分层、微服务架构; 开放 API; 敏捷开发; 小范围升级业务逻辑; 边缘+云端部署
工业数据	数据获取来源有限; 独立系统、信息孤岛	更具广度和深度的数据采集; 在线实时管理和应用; 易于整合和集成数据资源
工业应用	工业知识依靠老师傅的经验; 存在工业知识空白; 工业知识被封装在工业软件中,无法复用; 面向流程的共用软件系统	经验知识固化成平台核心资源; 解耦成工业机理模型,灵活组合和管理; 基于数据和新技术易形成新知识; 面向独特角色的专用 App
价值模式	线性价值链; 资源自用,技术创新周期长	互联互通的价值网络; 资源开放共享,技术创新快速迭代

由表 6-1 可见,工业互联网平台实现了流程驱动的业务系统转变为数据驱动的平台应用新范式,为工业企业提供了基于数据的新技术、新方法、新服务和新价值。因此,与其说工业互联网平台是一种技术创新,不如说它是已有技术在工业领域的应用模式突破。在平台实践中,工业领域的新模式、新业态逐渐浮现,将成为推动产业发展的新动能,具体表现如下:

1. 工业互联网平台将推动工业企业生产方式和组织管理模式变革

工业互联网平台增加了工业企业内外合作的机会,各类服务突破传统制造业在时间和空间上的界限,打破了工业传统生产方式、组织结构,重新定义了工业企业。一方面,平台以数据驱动,突破工业企业内外割裂的生产方式。工业互联网平台能够整合产业链上下游企业,由单链条串行的生产方式转变为多环节并行的协作方式。例如,汇聚产品使用数据,既能实现对产品的维护服务,又能将使用数据及时反馈给生产部门和设计研发部门,从而调整产量,改进下一代产品,实现对产品全生命周期的管理。另一方面,平台为产品赋能,形成工业企业新的分工方式。工业互联网平台推动设备制造商实现产品即服务的转型,从产品交易模式转变为基于产品服务收取增值费用的租赁模式。对于设备制造商,要扩大其产品服务部门的人员和成本;对于产品使用方,则能够削减购置和管理设备的成本,从而达到轻资产运作。

2. 工业互联网平台正在加速制造业服务模式创新发展

工业互联网平台改变了生产制造的服务模式和知识创新、应用模式,工业经济新驱动力正在缓慢生长。基于平台的预测性维护、员工作业指导等新的工业服务模式正在形成。如设备维护,其原有模式是在工业企业内部设立维修部,按照固定计划对所有设备进行统一管理和维护,或是由设备制造商或第三方服务商在设备出现问题时提供现场维护服务;而基于工业互联网平台的预测性维护能够有机融合设备构造、维护技巧、数据技术,形成针对每台设备自身进行的"个性化"维护平台汇聚的微服务组件、工业机理模型、工业 App 等开放资源,将颠覆工业知识创新和应用模式。部分平台已创建开发者社区,从工业企业、自动化企业、系统集成商等组织吸纳工业应用的开发者,一些平台还为开发者的应用、机理模型等提供定价模式,推动实现工业知识平台化共享机制。

3. 基于平台的工业数字经济正在萌芽

社会分工开始出现变化时,企业就要依靠自身洞察力及时决断,对企业做出战略性调整,工业互联网平台正催生工业领域的数字经济变革。按需定制、生产能力交易、智能化产品等服务正在引领工业逐渐从封闭走向开放。数据流通正在促进工业行业林立的状态发生"化学反应",原本清晰的组织界限正在逐渐模糊,合作不仅仅出现在上下游企业,还向更广泛的空间拓展。同行企业从原本的竞争关系转向竞合关系(co-opetition),个人消费者成为参与产品设计和制造的产消者(pro-consumer),工业网络逐渐成型。供应链金融、UBI、融资租赁等产融合作、创新服务推动工业向其他领域延伸、拓展、融合。如针对高价值设备的地理位置、开工时间、运行轨迹等使用数据可为设备提供贷后管理,或为保险公司提供定价依据,推动形成基于工业能力的新型信用体系,重新定义人与人、人与物、物与物之间的关系。

6.2 工业互联网平台对代表性行业的影响展望

中国信息通信研究院在 2023 年第一期《工业互联网平台产业洞察》中指出,2022 年工业互联网产业规模达数万亿元,为经济社会高质量发展提供了有力支撑,培育具有影响力的工业互联网平台达到 240 余个,其中跨行业跨领域平台达 28

个,有力地促进了产品全流程、生产各环节、供应链上下游的数据互通、资源协同,加速了企业数字化转型。

目前,工业互联网平台应用较具特色和初见成效的工业企业主要集中在电力、石化、钢铁、交通设备制造、机械、家电、服装、电子等行业,这与行业特点、信息化水平等因素息息相关。

离散行业的工业互联网应用覆盖了所有类型,在附加值较高的研发设计和市场服务两端环节都有应用,其中85%的设计环节应用都在离散行业,如机械、交通设备制造等。设备制造的工序多,人员参与率高,产品复杂度高,蕴含的工艺知识复杂度更高,因此平台应用会聚焦复杂产品的数字化设计验证与工艺设计。同时,离散行业几乎涉及所有社会化资源协作的应用,数字化、智能化产品的创新趋势明显,其中90%以上的产品全生命周期管理案例来自离散制造业,如装备制造等。基于工业互联网平台,产品使用数据能够反馈到设计、生产、销售环节,从而影响企业决策,所以平台应用贯穿产品研发设计、生产管控、运维服务等全业务链。

流程行业的产品同质化程度较高,过程控制优化成效明显。流程行业通常处于产业链上游,市场复杂度、不确定性相对较低,同时,生产过程自动化水平较高,应用需求较为传统,工业互联网平台应用往往集中在减少生产过程中的物料浪费和提升产品质量上。流程行业反应器等关键环节存在工业知识积累的空白,操作仍然依靠经验判断,如何通过数据分析来实现工序之间的有效衔接,通过工序控制来保证以最少的物料消耗达到最优质量和产量是当前的主要难点。

下面以电子制造行业、钢铁行业和电力行业为例,说明工业互联网对行业的影响。

6.2.1 电子制造行业与工业互联网平台

电子行业是全球性战略竞争产业,其发展与世界经济形势息息相关,行业具有高技术含量、高附加值的特点。随着经济与技术的发展,传统消费类电子产品市场逐渐被新的物联网概念产品所替代,产业设备与消费产品相互交融,全球正逐步进入以物联网引领的电子时代,产业运营模式从过去的单一产品和技术导向发展模式迈向多元化应用和系统整合发展模式。目前,全球电子行业信息化水平较高,以我国为例,工业云平台使用率已达到50%左右,是离散制造业中使用率最高的行业。整体看来,电子行业具备较强的工业互联网平台应用推广基础。

当前电子行业中普遍存在的痛点有:①工厂生产设备自动化程度较高,但设备种类纷繁复杂,对外通信方式各异,设备调机、设备巡检等环节仍需大量人工干预;②生产流程长、工序多,生产过程中工序衔接判定、质量判定等对数据的实时性要求高、延时敏感度高,需要一个或多个信息系统交叉判断,响应时间长;③同时面对数量巨大的客户和供应商,订单及物料标示规范及信息共享困难,物料管理及使用效率不高;④人工管理产品工艺和计划排程,生产进度缺乏实时数据。

面对这些问题，工业互联网平台可帮助企业实现设备互联，并通过数据建模和分析，实现远程运维和生产制造优化。工业互联网平台解决方案可极大地扩大电子行业数据采集的范围。随着物联网、云计算、大数据等技术的发展，平台解决方案逐步解决了数据采集数量少、来源单一、精度低、成本高等问题，增加设备设施、生产管理、作业环境可感知的深度、广度和精度，可以解决原来因数据缺失、延时和粗糙而无法精准管理的问题。同时，平台解决方案也增强了数据应用的时效性。在传统模式下，数据被储存在边缘侧或独立的系统中。基于工业互联网平台的解决方案通过在线、实时处理和应用数据，大大提高了生产和运营状态的感知、分析、预测和决策闭环优化速度。

6.2.2 钢铁行业与工业互联网平台

钢铁工业是国民经济的基础产业，具有技术和劳动密集、前端流程、后端离散等特点。作为人类社会进步所依赖的重要物质基础，钢铁工业发展水平如何，历来是衡量一个国家工业化水平高低和国家综合国力的重要标志，美国、日本等经济发达国家无不经历了以钢铁为支柱产业的重要发展阶段。目前，全球钢铁企业信息化处于平均水平，以我国为例，有超过 1/3 的企业仍处于信息化改造的起步建设阶段。鉴于各钢铁企业多呈现"一业多地"的现状，常规管理模式已经不适应高品质钢材的要求，信息化建设和工业互联网平台的应用成为推动钢铁行业改革创新、可持续发展的重要手段。

总体来说，钢铁行业存在去产能压力和高品质需求不均衡的难题。其面临的主要痛点可归纳为以下三点：

1. 行业整体存在高耗能、高排放问题

钢铁行业每年消耗约 6 亿吨标准煤，约占全国煤炭消耗总量的 20%，给企业带来了较大的成本和环保压力，且钢铁市场环境复杂多变，竞争日益激烈，原材料价格与市场需求波动频繁，能源消耗难以精细化管理。

2. 生产作业环境恶劣、高炉"黑箱"原理复杂

炼铁高炉具有高温高压、内部密闭不可见、连续生产的特性，存在复杂的物理化学反应，给技术操作带来了巨大压力，同时高炉类型多样化，部分高炉冷却壁损坏严重，存在安全生产隐患。除此之外，炼铁过程的实时监控和数据系统集成难度大，企业无法及时应对工况变化与异常，管理经验和操作知识无法沉淀。

3. 下游产业个性化、多元化需求提升

钢铁制造过程中普遍存在前后工序的缺陷信息不通，缺乏工序协同，导致切损率高；企业内管理系统多，数据未打通，供应链周期长，抗风险能力弱，渠道库存超高；产业链信息不对称，导致厂内制造与厂外渠道在协同上存在诸多盲区。以上问题导致流程型大批量生产的钢铁工业难以满足汽车、机械等定制化产品的生产要求。

基于工业互联网平台,对炼铁高炉等设备开展实时运行监测、故障诊断、能源调度管理,通过将经验和知识模块化、软件化实现技能优化,不断探索基于平台的按用户需求的制造模式,成为钢铁企业基于平台转型升级的重要路径。例如,基于工业互联网平台的解决方案,通过高炉仿真建立高炉数字孪生体,对炉料运动及受力方程进行建模计算,从传热学、炼铁学等机理层面建立预警标准,实现对高炉生产的虚拟-现实映射与智能监控。利用工业互联网平台构建企业大数据平台,采用边缘计算、异构网络对车间信息进行全面的采集处理、数据可视,通过对生产过程、工艺指标的实时监控,全线减少操作人员,并基于仿真系统和数据分析工具,开展能耗分析、故障分析、异常排查、工艺优化、预测生产等辅助决策。同时,依托工业互联网平台,实现与上下游企业的数据互通互联,基于平台实现客户生产计划自动接收与管理、需求转换与订单管理、供应链库存管理、物流方案管理、预测指标分析管理,实现以用户需求拉动组织生产的模式,并形成基于大数据分析、现代智能算法的一体化配煤系统与一体化配矿系统,实现工序协同的一体化精细用料,达到产品成本全局最优。

6.2.3 电力行业与工业互联网平台

电力行业是全球经济发展的基础产业和战略支撑产业,具备技术密集和装备密集的特点。随着能源革命进入新阶段,全球电力行业已达成共识,智能化、市场化、生态化是推动能源革命进程的动力源,电力行业信息化、数字化转型已成为必然趋势。近年来,随着经济增长的放缓,电力行业信息化转型需求已经逐步从快速增加供应量向精细化供配方向发展,电厂在数字化改造方面的投资增速逐步放缓,而电网信息化投资尤其是智能电网建设,已成为拉动电力行业数字化转型的主要动力。

全球可再生能源发电占比逐年提升,火电、水电、风电、光电等融合发展趋势明显,但仍然存在以下发展痛点:

1. 发电设备管理难

由于发电有连续生产需求,设备故障会导致巨大损失。当前可再生能源的数据的时效性往往不够,通常数据可能滞后一个月以上,使得传统在线监测无法识别故障,故障严重后再去维修又会造成非计划停电等重大经济损失。无论火电、水电、风电还是光伏发电,都需要提高设备的维护水平。尤其是风电、光伏发电等,其设备地理位置偏僻、分散,且运行不稳定、故障率高,人工巡检、维护成本高。除此之外,从风电场站点收集试验数据成本也较高,同时研究人员访问远程站点收集数据也需要花费大量的时间和精力,管理和维护难度大、成本高。

2. 并网调度难

新能源场站发电功率预测准确度低、电网调度难,影响新能源发电并网消纳。

目前各类电力来源需要协调调度，对发电功率预测提出了挑战。可再生能源的产量会随天气变化而波动，这种间歇性的高波动性对电网的完整性会产生负面影响，包括新能源电站电压调节能力有限，易引发次同步谐波等，给系统安全稳定运行带来了不利影响。同时，电站出力的不确定性致使电网潮流复杂多变，进一步增加了电网运行控制难度。安全问题和功率预测问题导致其并网吸纳难，弃电率居高不下。

作为工业互联网平台应用普及度较高的行业之一，工业互联网平台成为电力行业解决设备远程维护、新能源并网消纳问题的重要途径。例如，基于工业互联网平台的数据接入和采集解决方案，采用风电场无线远程监控方法，使风电场设备和区域办事处之间能够进行双向通信，减少人力现场维护成本。基于工业互联网平台提供的工业机理模型，根据设备原理分析并挖掘基于机理的机组失效模式，掌握故障的演化过程与性能退化趋势，形成集故障诊断、故障预测、健康管理和寿命预估于一体的综合健康管理系统，实现设备故障状况的实时感知和预警。利用工业互联网平台的大数据、人工智能技术对每个电站功率预测系统的运行情况进行监控和管理，监控与管理气象及功率预测准确率数据、上报率数据、气象站设备运行状态数据、电网考核数据等，以实现更精准的功率预测。

目前，电力设备制造商、大数据服务商与发电企业开展合作，通过平台接入源、网、荷实时数据，利用大数据分析建模，开展体系性的调度、管控服务，一方面支持新能源实现"无人值班、少人值守、区域化检修"模式；另一方面提高新能源并网率与整体用电效率。